**essentials

Doris Gutting

Erfolgreiche Konfliktprävention im Asiengeschäft

Empfehlungen für die Zusammenarbeit deutscher Organisationen mit Asiaten

Doris Gutting
Hochschule für angewandtes Management
Ismaning, Deutschland

ISSN 2197-6708   ISSN 2197-6716   (electronic)
essentials
ISBN 978-3-658-20619-2   ISBN 978-3-658-20620-8   (eBook)
https://doi.org/10.1007/978-3-658-20620-8

Die Deutsche Nationalbibliothek verzeichnet diese Publikation in der Deutschen Nationalbibliografie; detaillierte bibliografische Daten sind im Internet über http://dnb.d-nb.de abrufbar.

Springer Gabler
© Springer Fachmedien Wiesbaden GmbH 2018

Gedruckt auf säurefreiem und chlorfrei gebleichtem Papier

Springer Gabler ist Teil von Springer Nature
Die eingetragene Gesellschaft ist Springer Fachmedien Wiesbaden GmbH
Die Anschrift der Gesellschaft ist: Abraham-Lincoln-Str. 46, 65189 Wiesbaden, Germany

Was Sie in diesem *essential* finden können

- Wichtigste Kulturunterschiede zwischen Asiaten und Deutschen
- Konfliktbeurteilung und Konfliktverhalten von Asiaten
- Konfliktfelder multikultureller Zusammenarbeit
- Hinweise für die Konfliktprävention im Asiengeschäft
- Empfehlungen für eine konfliktfreie Zusammenarbeit mit asiatischen Partnern und Mitarbeitern

Vorwort

Erfolg im Asiengeschäft setzt eine reibungslose Zusammenarbeit mit asiatischen Partnern und Mitarbeitern voraus. Konflikte sind zu vermeiden. Für Deutsche ist dies eine Herausforderung.

Immer wieder fasziniert von den anderen Denk-, Verhaltens- und Vorgehensweisen der Menschen aus China, Indien und Südostasien, hat sich die Autorin mit Ursachen und Auswirkungen unterschiedlichen Konfliktverhaltens beschäftigt. Die Einsichten mögen dazu dienen, Verständnis zu schaffen und zur Konfliktprävention im Asiengeschäft beizutragen.

Ismaning
im November 2017

Doris Gutting

Inhaltsverzeichnis

Einleitung

Asien verblüfft: in den siebziger Jahren durch die wirtschaftlichen Erfolge japanischer Unternehmen, wenig später durch den raschen Aufstieg der südostasiatischen Tigerstaaten Hongkong, Singapur, Südkorea und Taiwan zu voll entwickelten Industrienationen.

Indiens wirtschaftliches Potenzial ist enorm. Prognosen zufolge soll Indien 2050 auf Rang 2 der größten Volkswirtschaften stehen. Schon im nächsten Jahrzehnt wird Indien China als bevölkerungsreichstes Land der Erde überholen.

China ist bereits die zweitgrößte Wirtschaft der Welt; einige Berechnungen gehen sogar davon aus, das China die USA faktisch bereits überholt hat. Ende 2009 hat China Deutschland als größte Exportnation abgelöst; seither besteht eine dauerhafte Konkurrenz um den Titel des Exportweltmeisters.

Weil in China die Lohnkosten steigen, suchen deutsche Unternehmen Standortalternativen und -ergänzungen in den südostasiatischen Staaten. Die südostasiatische Freihandelszone ASEAN Economic Community (AEC) ist gleichzeitig ein interessanter Markt, mit 625 Mio. Menschen.

Die Initiative „Made in China 2025" wird die dortige Industrie modernisieren. Innovation und Qualität sollen nicht zuletzt mithilfe ausländischer Technologien erreicht werden: Chinesen gehen in Deutschland auf Einkaufstour. Haben sich Deutsche bislang vor allem auf Managementaufgaben in China vorbereitet, werden sie künftig in Deutschland verstärkt mit Chinesen auf Augenhöhe konkurrieren und kooperieren.

Deutschland hat in ganz Asien einen guten Ruf. Deutsche Unternehmen können davon profitieren, jedoch ist der Umgang mit Asiaten aufgrund großer Kulturunterschiede konfliktträchtig. Westliche Methoden des Konfliktmanagements greifen nicht. Zunehmende Austauschbeziehungen erfordern es, für eine effektive, konfliktarme Zusammenarbeit mit asiatischen Partnern und Mitarbeitern zu sorgen.

© Springer Fachmedien Wiesbaden GmbH 2018
D. Gutting, *Erfolgreiche Konfliktprävention im Asiengeschäft,*
essentials, https://doi.org/10.1007/978-3-658-20620-8_1

1.1 Zielsetzung

Ziel dieses *essentials* ist es, Forschungsergebnisse und Einsichten über kulturelle Unterschiede und multikulturelle Zusammenarbeit nutzbar für die Konfliktprävention und damit für eine möglichst effektive Kooperation im Asiengeschäft zu machen.

1.2 Vorgehensweise

Langfristige kulturelle Prägungen wirken sich auf Verhalten, auch im Konfliktfall aus. In Kap. 2 werden zentrale Kulturunterschiede zwischen Asiaten und Deutschen zusammengefasst. Wenngleich Asien ein riesiger, kulturell heterogener Raum ist, so lassen sich dennoch gemeinsame Kulturmerkmale der Menschen in asiatischen Gesellschaften und deutliche Unterschiede zu Deutschen aufzeigen.

Kap. 3 geht sog. kulturellen Überschneidungssituationen beim Zusammentreffen von Deutschen mit Asiaten nach, in denen Konflikte lauern.

Das zentrale Kap. 4 beleuchtet die Konfliktdynamik zwischen Deutschen und Asiaten: Wie wird ein Konflikt in den beiden Kulturen betrachtet, bewertet und ausgetragen und welche Vorstellungen zur möglichen Konfliktregulierung existieren? Welche Unterschiede sorgen für gegenseitiges Unverständnis?

Kap. 5 reflektiert Konfliktherde, die grundsätzlich in multikultureller bzw. multinationaler Zusammenarbeit existieren, um Erkenntnisse für die konfliktarme Zusammenarbeit deutsch-asiatischer Teams abzuleiten.

Kap. 6 fasst die wichtigsten Empfehlungen zur erfolgreichen Konfliktprävention im Asiengeschäft zusammen.

Asien ist eine riesige, in vielerlei Hinsicht sehr heterogene Region, in der eine Vielzahl von Ethnien, Sprachen, Weltanschauungen, Lebensstilen, Traditionen etc. existieren. Einen Vergleich zwischen „Asiaten" und Deutschen anstellen zu wollen, muss aufgrund der riesigen Ausdehnung Asiens vermessen erscheinen.

Dennoch lassen sich einige kulturelle Gemeinsamkeiten der Menschen des ost-, südost- und südasiatischen Kulturraums zeigen, die in krassem Gegensatz zur deutschen Kultur stehen. Sie begründen einen unterschiedlichen Umgang mit Problemen, unterschiedliche Kommunikationsweisen und ein unterschiedliches Konfliktverhalten im Vergleich zu den Deutschen.

Wenn in diesem *essential* Empfehlungen für das „Asiengeschäft" gegeben werden, so beziehen sich diese auf Ost-, Südost- und Ostasien aufgrund einiger zentraler kultureller und weltanschaulicher Gemeinsamkeiten dieser Region.

2.1 Zur Großregion Asien: ost-, südost-, südasiatischer sowie westasiatischer (islamischer) Kulturkreis

„Asiaten" sind ebenso wie „Europäer" ein Konstrukt. Die Länder und ihre Bewohner unterscheiden sich – hier wie dort. Noch weitaus mehr jedoch unterscheiden sich Asiaten von Westlern bzw. Deutschen. Auf solche Kulturunterschiede verweisen u. a. die Studien von Edward T. Hall und Geert Hofstede.

In der auf diesen Forschern aufbauenden GLOBE-Studie wurden 62 Länder untersucht und in Kultur-Cluster eingeteilt, die transnationale und regionale Gemeinsamkeiten aufweisen und sich gegenseitig unterscheiden lassen:

© Springer Fachmedien Wiesbaden GmbH 2018
D. Gutting, *Erfolgreiche Konfliktprävention im Asiengeschäft*,
essentials, https://doi.org/10.1007/978-3-658-20620-8_2

- Deutschland wird neben Österreich, der deutschsprachigen Schweiz und den Niederlanden dem sog. „Germanic Europe" zugeordnet.
- Das „Confucian Asia" besteht aus China, Südkorea, Hong Kong, Singapur, Taiwan und Japan. Direkt neben diesem liegt einerseits das von der Globe-Studie als „Southern Asia" bezeichnete Kulturcluster, andererseits das „Middle East"-Cluster.
- Das „Southern Asia"-Cluster besteht aus Indien, den Philippinen, Indonesien, Malaysia, Thailand und Iran.
- Das „Middle East"-Cluster umfasst den islamischen Kulturraum, namentlich die Länder Marokko, Türkei, Kuwait, Ägypten und Katar.

Die Länder innerhalb eines Clusters weisen also in hohem Maße kulturelle Gemeinsamkeiten auf. Ähnlichkeiten bestehen zu den benachbarten Clustern. Je weiter entfernt die Cluster voneinander liegen, umso stärker ausgeprägt sind die kulturellen Unterschiede. Das „Germanic" Europe liegt vom „Confucian Asia" am weitesten entfernt!

Bereits die Wortwahl der Globe-Studie „konfuzianisches Cluster" verweist auf die Bedeutung der Weltanschauung des Konfuzianismus für diese Region. Von China ausgehend konnte sich der Konfuzianismus verbreiten und prägt die Region immer noch nachhaltig.

Gesellschaften werden wesentlich bestimmt von den Glaubensvorstellungen der Menschen. Wissenschaftstheoretisch wurde dies im sog. „Schichtenmodell der Umweltdifferenzierung" von E. Dülfer begründet: Wertevorstellungen und Umwelterscheinungen stehen in Wechselwirkung: Auf die Gegebenheiten und Probleme der natürlichen Umwelt haben Menschen mit erkenntnistheoretischen Erklärungsmustern reagiert. Neben naturwissenschaftlichen Erklärungen finden sich mythologische und magische Realitätsdeutungen, wie sie in den Religionen zu finden sind (vgl. Dülfer und Jüstingmeier 2008, S. 247). Aus den Erklärungsmustern bilden sich Werte, die den Menschen passend und richtig erscheinen und die deshalb anerkannt, geschätzt und langfristig gelebt werden. Weltanschauungen prägen menschliches Verhalten, Denken und Fühlen, auch im Konflikt.

Der Konfuzianismus hat starken Einfluss auf ganz Ost-, aber auch auf Südostasien genommen. Die stetige Zuwanderung von Chinesen in diese Regionen und ihr – nicht zuletzt durch die Werte des Konfuzianismus begründeter – Aufstieg in wichtige Positionen hat dort für die Verbreitung konfuzianischer Werte gesorgt. In Südost- und Ostasien dominieren Konfuzianismus, Daoismus und Buddhismus, als dreigestaltige „chinesische Religion". Im Zeitablauf haben sie sich gegenseitig durchdrungen. Sie koexistieren nicht nur innerhalb der Gesellschaften; selbst die einzelnen Individuen bekennen sich häufig gleichzeitig zu allen drei Weltanschauungen – ganz anders als im Christentum oder im Islam, denen ihre Anhänger ausschließlich angehören (vgl. Gutting 2016, S. 85 ff.).

In Südasien bzw. der „indischen" Welt und in Teilen Südostasiens ist der Hinduismus eine vielgestaltige Weltanschauung mit langer Tradition. Der Buddhismus entstand in Indien, auf der Grundlage des Hinduismus. Zwischen Hinduismus und Buddhismus bestehen viele gemeinsame Denkmuster, z. B. der Reinkarnationsglaube.

Der Islam ist in ganz Asien vertreten, in Südostasien vor allem in Indonesien und Malaysia. Absolut beherrschend ist er jedoch in Westasien, dort gerade auch in seinen strenggläubigen Richtungen. Westasien unterscheidet sich aufgrund dieser dominierenden Weltsicht, aber auch aufgrund anderer kultureller Präferenzen stark von den anderen Teilen Asiens.

Deutschland ist – wenngleich inzwischen weitgehend säkularisiert – kulturell vom Christentum geprägt. Kulturelle Orientierungen wirken schließlich langfristig und nachhaltig.

Zentrale Unterschiede zwischen Deutschen und Asiaten, wie sie in der Globe Studie und zuvor schon in den Studien von Geert Hofstede empirisch nachgewiesen wurden, bestehen in Hierarchiedenken und Gruppenorientierung. Weitere wichtige Kulturunterschiede wurden von Edward T. Hall in den Konzepten der Low- bzw. High-Kontext-Kommunikation sowie der Zeitorientierungen Monochronismus und Polychronismus erschlossen.

2.2 Hierarchiedenken

Die Gesellschaften Asiens sind stark hierarchisch orientiert, was von Geert Hofstede empirisch nachgewiesen wurde: Für die asiatischen Länder ermittelte er hohe Machtdistanzwerte (vgl. Hofstede 2006, S. 56). Hierarchie ist in Asien existenziell: Auch die wenig mächtigen Mitglieder einer Gesellschaft erkennen die Berechtigung von Macht und Status an.

Hierin besteht ein wesentlicher Unterschied zur westlichen Welt. Hofstede fand für Deutschland wie auch für die meisten anderen westlichen Länder relativ niedrige Machtdistanz-Werte. In Deutschland gilt Hierarchie dann als gerechtfertigt, wenn sie eine nachvollziehbare Funktion hat. Ansonsten versucht man, große Unterschiede in Hierarchie und Status zu vermeiden oder (beispielsweise durch Besteuerung oder breiten Zugang zu Bildung und Versorgung etc.) auszugleichen.

Der Umgang mit Macht und Status hat Konsequenzen für den Umgang mit Konflikten. Konfliktklärung erfolgt in Asien vor allem über Hierarchie: Im Konflikt ordnet sich der hierarchisch niedriger Gestellte unter. Die Weltanschauungen Konfuzianismus und Taoismus bzw. deren Wertschätzung von Macht und Seniorität bekräftigen die Tendenz.

2.3   Gruppenorientierung und Individualismus

Was ist in einer Gesellschaft wichtiger: Das Individuum und seine Rechte oder aber das gute Zusammenspiel der Gemeinschaft? In individualistischen Gesellschaften wird die Bedeutung des Einzelnen, seiner Fähigkeiten, Pflichten und Rechte betont. In kollektivistischen oder gruppenorientierten Gesellschaften hält man dagegen die Einbettung in die Gemeinschaft für wichtiger. Die Gruppe bietet Schutz und Fürsorge, das Individuum ordnet sich unter. Die Gruppenmitglieder sind stark aufeinander bezogen, die Beziehungen spielen eine große Rolle.

Die Gruppenorientierung einer Gesellschaft wurde von Hofstede über die Kulturdimensionen Individualismus versus Kollektivismus ermittelt (vgl. Hofstede 2006, S. 105). Hofstede fand ein klares Muster: Individualismus bestimmt die Deutschen, wie viele westliche Gesellschaften, während die Mitglieder asiatischer Gesellschaften gruppenorientiert sind.

Die Globe-Studie spaltete die Kulturdimension Individualismus versus Kollektivismus weiter auf:

- Ingroup-Kollektivismus bedeutet, dass Menschen sich vor allem als Teil einer Gruppe definieren. Ihr Selbstverständnis beziehen sie aus der Mitgliedschaft in einer Gruppe (Familie, Clan, Dorfgemeinschaft, Organisation etc.). Dieses vernetzte Selbstkonzept sorgt für eine hohe Loyalität zur Gemeinschaft. Individualistische Kulturen bestehen dagegen aus Individuen mit unabhängigem Selbstkonzept.
- Institutioneller Kollektivismus geht einher mit der Verfolgung von Gruppeninteressen und Allgemeinwohl durch Institutionen. Die Gemeinschaft, z. B. der Staat, kümmert sich um die Durchsetzung von Gemeinschaftsinteressen. In individualistischen Gesellschaften besteht dagegen eine Präferenz für die Verfolgung von Einzelinteressen.

Das deutschsprachige Europa zählt zu den individualistischen Kulturen. Südasien und das konfuzianische Asien (wie auch der Mittlere Osten[1] bzw. der islamische Kulturraum) gehören zu den Kulturen mit vernetzten Selbstkonzepten ihrer Mitglieder (vgl. z. B. Engelen und Tholen 2014, S. 88). Asiaten verstehen sich vor allem als Mitglieder einer Gruppe. Deutsche beziehen ihr Selbstkonzept aus sich selbst.

Institutionellen Kollektivismus bzw. eine Präferenz für die Verfolgung von Gruppeninteressen und Allgemeinwohl fanden die Forscher im konfuzianischen Asien (wie auch in Nordeuropa). Dagegen ergab sich für das Germanische Europa eine niedrige Ausprägung des institutionellen Kollektivismus. Deutsche stellen die Verfolgung von Einzelinteressen nach der Globe-Studie über das Gemeinwohl. Das deutsche Selbstverständnis als pluralistische Gesellschaft passt in dieses Bild.

Die Individualismus-Kollektivismus-Dichotomie hat Konsequenzen für das Verhalten im Konfliktfall: Deutsche betonen die Berechtigung von Einzelinteressen.

2.4 High-Kontext- und Low-Kontext-Kommunikation

Kommunikation spielt eine große Rolle bei Konflikten, ist häufig sogar Ursache dafür. Zum Verständnis der Rolle der Kommunikation in individualistischen im Unterschied zu kollektivistischen Kulturen trug Edward T. Hall mit dem Konzept der Low-Kontext- versus High-Kontext-Kommunikation bei.

Low-Kontext-Kommunikation finden wir in individualistischen westlichen Gesellschaften. Sie zeichnet sich durch folgende Merkmale aus (vgl. auch Ting-Toomey 1994, S. 362):

- ein Sender-orientierter, direkter Kommunikationsstil ist üblich.
- Möglichst alles soll explizit erklärt werden, um Unklarheiten auszuschließen.
- Intentionen werden offengelegt, um Missverständnisse zu vermeiden.

---

[1]Wenngleich der Begriff „Naher Osten" üblich ist, verwendet die Verfasserin den Begriff „Mittlerer Osten" als Übernahme bzw. Übersetzung aus der Globe-Studie, auf die sie sich bezieht. Die Globe-Studie hat in ihrem „Middle East Cluster" explizit die Länder Marokko, Türkei, Kuwait, Ägypten und Katar untersucht.

In kollektivistischen asiatischen Gesellschaften hingegen findet High-Kontext-Kommunikation statt:

- Der Kommunikationsstil ist indirekt.
- Subtile nonverbale Signale sind ein wichtiges Element der Kommunikation.
- Es wird eher „spiral" argumentiert, d. h. man zieht Kreise um das eigentliche Argument, spricht es nicht direkt an.
- Oftmals wird vieldeutig erklärt. Bewusst werden verschiedene Interpretationsmöglichkeiten offengelassen, um die Harmonie beizubehalten oder wiederherstellen zu können.
- Man überlässt es in hohem Maße dem Empfänger, die Bedeutung einer Botschaft zu erfassen. Dies funktioniert innerhalb vernetzter Gruppen aufgrund der engen persönlichen Beziehungen.

Deutsche pflegen in ihrem Bedürfnis nach Klarheit Low-Kontext-Kommunikation, in deutlichem Unterschied zur asiatischen High-Kontext-Kommunikation. Die Gefahren von High-Kontext- Kommunikation für Deutsche liegen auf der Hand: Oft werden die Botschaften der Asiaten von Deutschen nicht richtig verstanden und gedeutet. Bei Asiaten ruft der direkte Kommunikationsstil der Deutschen Unbehagen hervor.

2.5 Zeitorientierungen in Asien und Deutschland

Der unterschiedliche Umgang mit der Zeit wurde im Konzept des „Monochronismus versus Polychronismus" von Edward T. Hall erfasst.

Als „monochron" bezeichnete Edward T. Hall Kulturen, die einen eher materialistischen Umgang mit der Zeit pflegen: Zeit ist Geld, sie kann gut genutzt, gespart oder vergeudet werden. Man geht sorgfältig mit der verfügbaren Zeit um. Zeitpläne werden eingehalten, Störungen oder Unterbrechungen sind unerwünscht. Es gilt als Tugend, Vorgänge rasch abzuarbeiten.

Hall rechnete Nordamerika, Nordeuropa und die germanischen Kulturen dem Monochronismus zu. Deutsche, aber auch einige Asiaten (z. B. China, Japan, Singapur) tendieren zu dieser Orientierung.

Als „polychron" gelten Kulturen, die Beziehungen und Personen klar über zeitliche Vorgaben stellen. Menschen darin sind zeitlich flexibel und leicht bereit, Zeitpläne zu ändern. Unterbrechungen und Störungen gelten als „normal", werden akzeptiert. Prozesse dauern häufig lange und sind nur begrenzt planbar.

Hall ordnet Lateinamerika, den Mittleren Osten, afrikanische, asiatische, aber auch französische und griechische Kulturen dem polychronen Zeitmuster zu. Eine polychrone Zeitorientierung findet man in Asien insbesondere in Indien, Malaysia oder auf den Philippinen.

Wurzel der unterschiedlichen Zeitorientierungen werden – zumindest teilweise – in den Weltsichten vermutet. In Religionen mit Reinkarnationsglaube und der Vorstellung, dass die Menschen ohnehin viele Leben durchlaufen müssen, spielt die Zeit eine geringere Rolle. Im Christentum steht nur eine begrenzte Zeit auf Erden zur Verfügung. Die Welt, wie auch das persönliche Leben, haben einen Anfang und ein Ende. Die verfügbare Zeit muss – wenn man im christlich geprägten Umfeld sozialisiert ist – folglich gut genutzt werden.

Von Bedeutung ist ebenso der Zusammenhang zwischen Zeitorientierung und Kollektivismus: Wenn persönliche Beziehungen besonders wichtig genommen werden, so haben sich Zeitvorgaben unterzuordnen.

Die Zusammenarbeit von Deutschen mit asiatischen Vertretern polychroner Orientierungen birgt offensichtlichen Konfliktstoff. Asiaten generell eine gemächlichere Vorgehensweise zu unterstellen, wäre jedoch falsch. Bei jeder Einschätzung, auch zum Umgang mit der Zeit, sind neben langfristigen kulturellen Prägungen stets die jeweiligen gesellschaftlichen Rahmenbedingungen zu beachten. Ein Beispiel: Chinesen tendieren ohnehin zu Monochronismus. Seit sich die chinesische Regierung die Initiative „Made in China 2025" auf die Flagge geschrieben hat, erfahren Innovation, Schnelligkeit und Effizienz eine besondere Wertschätzung. Sehr zügige Vorgehensweisen sind zu beobachten, die nun umgekehrt Deutsche mit ihren Ansprüchen auf Qualitätssicherung zeitlich unter Zugzwang setzen.

2.6   Fazit: Zentrale Kulturunterschiede zwischen Deutschen und Asiaten

Fassen wir die Befunde zusammen, so zeigt sich ein deutlicher Gegensatz zwischen Deutschland und den asiatischen Kulturen:

In Deutschland werden Hierarchie und Status dann akzeptiert, wenn sie eine nachvollziehbare Funktion erfüllen. Ansonsten will man Macht verteilt sehen. Deutsche sind Individualisten. Ihr Selbstbewusstsein beziehen sie aus dem „Ich". Individualität wird geschätzt und verteidigt. Der „Low-Kontext-Kommunikations-Stil" ist die Norm: Was es zu sagen gibt, soll direkt, möglichst klar und ohne Umschweife kommuniziert werden. Mit der Zeit wird sorgfältig umgegangen. Zeitpläne sind einzuhalten.

In den asiatischen Gesellschaften werden Hierarchie und Status hoch geachtet. Eine ungleiche Verteilung von Macht wird nicht nur akzeptiert, sie gilt als fundamental für das Funktionieren einer Gemeinschaft. Asiaten sind gruppenorientiert. Ihr Selbstverständnis beziehen sie wesentlich aus der Zugehörigkeit zu den Gruppen, denen sie angehören. Beziehungen der Gruppenmitglieder untereinander gelten als sehr wichtig. Außenstehende werden dagegen wenig wahrgenommen. „High-Kontext-Kommunikation" gilt als Ideal: Es wird vorsichtig und indirekt kommuniziert. Verschiedene Deutungsmöglichkeiten werden offengelassen. Es bleibt dem Empfänger einer Botschaft überlassen, diese zu entschlüsseln. Nonverbale Signale werden genutzt, um nicht alles explizit ausdrücken zu müssen. In vielen asiatischen Gesellschaften gilt ein flexibler Umgang mit der Zeit. Auf die Rahmenbedingungen der jeweiligen Gesellschaft ist zu achten und zu realisieren, dass unterschiedliche Prioritäten, auch im Umgang mit der Zeit bestehen.

Diese unterschiedlichen kulturellen Muster erschweren ein reibungsloses Miteinander von Deutschen und Asiaten.

Kritische Interaktionssituationen zwischen Deutschen und Asiaten 3

Wenn Deutsche und Asiaten aufeinandertreffen, entstehen sog. „kulturelle Überschneidungssituationen", die zu Konflikten führen können. Dennoch ist stets kritisch zu prüfen, ob ein Konflikt tatsächlich kulturell bedingt ist oder ob andere Gründe vorliegen.

3.1 Kulturelle Überschneidungssituationen und Attributionsfehler

Kulturelle Überschneidungssituationen entstehen, wenn Vertreter unterschiedlicher Kulturen interagieren. Solche Interaktionssituationen können völlig konfliktfrei verlaufen. Aufgrund anderer Orientierungssysteme kann das jeweilige Verhalten aber auch unterschiedlich wahrgenommen und interpretiert werden. Eine sog. „kritische Interaktionssituation" entsteht, wenn das Verhalten des anderen als komisch oder unangemessen aufgefasst und negativ beurteilt wird (vgl. auch Gutting 2016, S. 26 ff.).

Wenn Menschen Verhalten wahrnehmen, welches ihnen befremdlich oder ungewöhnlich erscheint, so suchen sie nach Erklärungen anhand der vorliegenden, jedoch lückenhaften Informationen. Dem „komischen" Verhalten werden Ursachen zugeschrieben. In der Psychologie wird dieser Prozess als „Attribution" bezeichnet. Die Attributionstheorie geht auf den Psychologen Fritz Heider (1958) zurück. Heider unterscheidet zwischen interner und externer Attribution:

- Wenn die Ursache eines Verhaltens in Besonderheiten der Person gesehen wird, spricht man von „interner" Attribution. Die Ursache wird im Charakter des Handelnden bzw. seinen Persönlichkeitsmerkmalen vermutet

© Springer Fachmedien Wiesbaden GmbH 2018
D. Gutting, *Erfolgreiche Konfliktprävention im Asiengeschäft*,
essentials, https://doi.org/10.1007/978-3-658-20620-8_3

- „Externe" Attribution bedeutet, dass die Ursache für ein Verhalten äußeren Faktoren wie der Kultur oder der Umwelt zugeschrieben wird.

Menschen tendieren dazu, eher intern als extern zu attribuieren, also die Gründe für ungewohntes Verhalten in Persönlichkeitseigenschaften zu suchen. Dies kann zu einer Fehleinschätzung führen, die in der Psychologie als „Attributionsfehler" bezeichnet wird.

Wenn ein Deutscher also das Verhalten seines asiatischen Partners fälschlich intern attribuiert, schreibt er ihm persönlich negative Eigenschaften zu, anstatt externe Gründe einzubeziehen. Ärger, Aggression, Konflikte und Probleme können die Folge sein.

Ein Beispiel: Ein indischer Mitarbeiter kommt häufiger zu spät zur Arbeit oder zu Besprechungen. Dies stört seinen deutschen Chef, der pünktliches Erscheinen für das „normale" Verhalten hält. Wenn der Deutsche intern attribuiert, wird er das ihn irritierende Verhalten der Person des Inders zuschreiben. Er hält den „Zuspätkommer" für unzuverlässig, ärgert sich, ein Konflikt entsteht.

Die unterschiedliche Zeitwahrnehmung der Kulturen wurde oben skizziert. Kennt der Deutsche den anderen Zeitumgang der indischen Kultur, kann er das Verhalten als kulturbedingt einordnen.

3.2   Reflexion der Kulturbedingtheit von Konflikten

Zu überlegen ist jedoch stets, ob ein Konflikt tatsächlich kulturell motiviert ist. Manchmal werden kulturelle Motive vorgeschoben, um individuelle Interessen durchzusetzen. Oder es existieren andere Gründe, die einem Konflikt ursächlich sind. Zur Konfliktanalyse muss ein Gesamtbild konstruiert werden. Kultur ist eine Variable, die Verhalten erklären kann, jedoch sind immer weitere, kontextuelle und situative Faktoren einzubeziehen (vgl. auch Keding, in: Kumbier und Schulz von Thun 2008, S. 339 ff.).

Greifen wir das Beispiel aus dem letzten Kapitel noch mal auf: Wenn ein deutscher Chef sich über einen häufig zu spät kommenden Inder ärgert, so kann das polychrone indische Zeitverständnis eine Rolle spielen. Die Unpünktlichkeit kann aber auch andere Ursachen haben, beispielsweise Staus auf dem Weg während bestimmter Zeiten. Bei einem Konflikt spielen Machtstrukturen eine Rolle. Das Machtverhältnis zwischen Chef und Mitarbeiter ist nicht symmetrisch. Dieses kann es dem Mitarbeiter erschweren, den Grund für sein Problem anzusprechen und Lösungen zu suchen.

Wenn ein deutscher Chef das Zuspätkommen eines asiatischen Mitarbeiters einfach mit unterschiedlichen Zeitkonzepten der Kulturen erklärt, so kann dies eine tatsächliche Konfliktlösung verhindern. Kulturelle Gründe müssen als mögliche Quelle für Konflikte einbezogen werden. Die Kenntnis interkultureller Unterschiede ist dazu wichtig. Die Kommunikation zum Nachforschen nach Gründen darf sie jedoch nicht ersetzen. Mit ungetrübtem Blick müssen weitere mögliche Ursachen geprüft werden.

Die Kulturbedingtheit von Konfliktgründen wird in vielen Studien thematisiert (vgl. auch Bolten 2004, S. 252). Manchmal kommt ein Machtkonflikt im Kleid eines interkulturellen Konfliktes einher: Kulturelle Gründe werden zur Durchsetzung von Interessen vorgeschoben. In diesem Fall muss der „kulturelle Deckmantel" von den dahinterliegenden Interessen entfernt werden.

In der Zusammenarbeit mit Asiaten sollte Deutschen stets klar sein, dass

- ein Konflikt kulturbedingt sein kann, aber nicht sein muss.
- falls Wertvorstellungen und kulturelle Orientierungen des Gegenübers nicht bekannt sind, dem asiatischen Partner oder Mitarbeiter fälschlicherweise negative persönliche Eigenschaften zugeschrieben werden können. Dasselbe gilt natürlich auch umgekehrt.
- durch Kenntnis der Orientierungssysteme und Wertvorstellungen der asiatischen Kulturen und den daraus resultierenden Gewohnheiten sich Konflikte begrenzen oder vermeiden lassen.
- bei einem Konflikt mit Vertretern anderer Kulturen man die Möglichkeit eines kulturellen Grundes einbeziehen, stets aber auch nach weiteren möglichen Ursachen forschen sollte.

Kommunikation ist zur Klärung von Konfliktursachen und unbefriedigenden Situationen mit Vertretern anderer Kulturen ebenso unerlässlich wie interkulturelle Kompetenz.

Konfliktdynamik zwischen Deutschen und Asiaten 4

Bei einem Konflikt prallen unvereinbare Interessen, Erwartungen, Ziele, Rechte oder Wertvorstellungen von zwei oder mehr Parteien aufeinander. Es entsteht eine Dissonanz, die offen oder subtil ausgedrückt werden kann.

Bei Konflikten zwischen deutschen und asiatischen Partnern spielen kulturelle Unterschiede eine Rolle, in Bezug auf die Art, wie Konflikte signalisiert, bewertet, wahrgenommen, ausgedrückt und gelöst werden.

4.1 Konfliktursachen in der Organisation

Konflikte in Organisationen können auf einer Vielzahl von Ursachen (vgl. auch Mullins 2010, S. 96 ff.) beruhen:

- Wahrnehmungsunterschiede: Unterschiedliche Werte, Einstellungen oder Erfahrungen führen zur unterschiedlichen Wahrnehmung eines Sachverhaltes
- Kampf um seltene oder begrenzte Ressourcen: Je stärker Ressourcen begrenzt sind, umso mehr Konfliktpotenzial besteht.
- Spezialisierung und Zergliederung der Organisation: Je mehr die Organisation in kleinere Einheiten aufgeteilt wird, umso mehr „Revierkämpfe" sorgen für Konflikte.
- Gegenseitige Arbeitsabhängigkeiten: Die Abhängigkeit von der Vorarbeit anderer Personen oder Abteilungen sorgt für Konflikte, insbesondere dann, wenn unterschiedliche Vorgaben bestehen.
- Umgang mit Mitarbeitern: Mitarbeiter können aufgrund unterschiedlicher Voraussetzungen nicht gleich, müssen aber gleichermaßen fair behandelt werden.

© Springer Fachmedien Wiesbaden GmbH 2018

D. Gutting, *Erfolgreiche Konfliktprävention im Asiengeschäft*,

essentials, https://doi.org/10.1007/978-3-658-20620-8_4

- „Territoriumsverletzungen": Durch formale Arbeitsplatzbeschreibungen, übernommene Verantwortungen oder gewachsene Gruppennormen entstehen „Territoriumsansprüche", die leicht verletzt werden können.
- Gruppenwerte und -normen: Konflikte entstehen, wenn Gruppen innerhalb der Belegschaft unterschiedliche Werte und Normen vertreten. Altersunterschiede in der Belegschaft können z. B. zu Generationenkonflikten führen.
- Unternehmensführung, -struktur, -kultur, z. B. Führungsstile in internationalen Unternehmen können Differenzen über Prioritäten oder Vorgehensweisen entstehen lassen. Steht beispielsweise ein asiatischer Chef einem deutschen Team vor, so kann sein patriarchalischer Führungsstil bei den Deutschen für Missstimmung sorgen, ebenso wie ein Laissez-faire-Führungsstil eines Deutschen bei seinem asiatischen Team Unsicherheit und Unverständnis hervorrufen kann.

Die Liste ließe sich beliebig verlängern. Auffällig ist, dass eine Vielzahl kultureller Gründe zu Konflikten führen können.

Bei einem Konflikt unterscheiden lassen sich Positionen und Interessen

- Was fordern die Konfliktparteien voneinander? (Positionen)
- Warum fordern sie es? (Interessen)

Unter der objektiven Sachebene liegt eine unsichtbare, subjektive Beziehungsebene, in der es um persönliche Bedürfnisse der Handelnden geht, beispielsweise nach Wertschätzung, Respekt, Status, Berücksichtigung der eigenen Werte durch die Geschäftspartner oder Kollegen. Warum jemand tatsächlich eine bestimmte Position einnimmt, hat viel mit seinen persönlichen Bedürfnissen zu tun, die auch von negativen Emotionen (wie Neid oder Rache) geleitet sein können.

Konflikte lassen sich klassifizieren, Orientierungssysteme spielen dabei eine wichtige Rolle (vgl. z. B. Kammhuber, in: Thomas et al. 2005, S. 297 oder Gutting 2016, S. 229 ff.):

- Ein intrapersonaler Konflikt beruht in einer Person selbst. Dabei erlebt ein Individuum Widersprüche zwischen persönlichen Zielen, Interessen oder Normen, die grundsätzlich alle gelten, aber in der vorliegenden Situation unvereinbar sind. Verschiedene interne Orientierungssysteme, aus denen sich die eigene Identität zusammensetzt, kollidieren. Bietet eine Organisation einem Mitarbeiter beispielsweise eine Auslandsentsendung an, so muss er abwägen, wenn sie einerseits seinen Karrierewünschen entspricht, andererseits Rücksicht auf die Familie, die Karriere des Partners oder die Beschulung der Kinder geboten ist. Ein innerer Konflikt kann resultieren.

- Interpersonale Konflikte entstehen zwischen Personen, z. B. in den o.g. kulturellen Überschneidungssituationen.
- Intragruppale Konflikte entstehen zwischen Gruppenmitgliedern.
- Intergruppale Konflikte entstehen zwischen Gruppen aufgrund unterschiedlicher Interessen, Wahrnehmungen und Bewertungen bzw. anderer Wertsetzungen. Prinzipiell könnten solche Konflikte durchaus fruchtbar sein, weil unterschiedliche Perspektiven sichtbar werden.

Auch wenn Persönlichkeitsfaktoren und -dispositionen das Verhalten im Konflikt beeinflussen, ist die Handhabung von Konflikten stark geprägt durch die kulturellen Grundwerte der eigenen Kultur (vgl. auch Barrios, in: Kumbier und Schulz von Thun 2008, S. 253). Oft nehmen Menschen ihre kulturelle Orientierung gar nicht bewusst wahr: Gerade im Konflikt wird „automatisch" gehandelt.

4.2 Konfliktsignale

Konfliktverhalten ist kulturabhängig. Dies beginnt bereits damit,

- ob und wie ein Konflikt signalisiert wird,
- ob Konfliktsignale wahrgenommen oder ignoriert werden und
- wie letztlich auf Konfliktsignale reagiert wird.

Ironie und Sticheleien sind typische deutsche Konfliktsignale. Ist der Konflikt weiter gediehen, wird oft mit Kontaktvermeidung reagiert.

In asiatischen „High Kontext-Kulturen" werden Konfliktsignale dagegen verbal allenfalls in schwachen Andeutungen gegeben. Asiaten gehen davon aus, dass Kritik aus Tonfall, Mimik, Gestik oder der Wortwahl herausgelesen werden kann. Kritikpunkte werden kaum benannt. Manchmal bügeln asiatische Kollegen sogar Fehler ohne weitere Kommentare aus, um keine unangenehme Stimmung aufkommen zu lassen. Problematisch ist dies, wenn es sich um vermeintliche „Fehler" aus Sicht eines asiatischen Kollegen handelt.

Wenn ein asiatischer Partner sich zurückzieht, kann dies ein Signal für einen drohenden Konflikt sein. Ein abrupter Themenwechsel oder ein unverständliches Schweigen des asiatischen Partners kann bedeuten, dass ein problematisches Thema angeschnitten wurde.

Deutsche haben Schwierigkeiten, Konfliktsignale von Asiaten überhaupt wahrzunehmen. Gerade deshalb ist der Aufbau guter persönliche Beziehungen wichtig, zumindest zu einer Person des asiatischen Teams, die dann im vertrauensvollen Kontakt Befindlichkeiten und Signale der asiatischen Partner „übersetzen" kann.

4.3   Nonverbale, paraverbale und taktile Signale

Im Austausch mit asiatischen Partnern ist das gegenseitige Sprachverständnis selten perfekt. Gerade deshalb richtet sich die Aufmerksamkeit stark darauf, wie etwas gesagt wird. Körpersprachlichen und stimmlichen Signalen wird häufig sogar die größere Glaubhaftigkeit zugebilligt.

Signale aus der nonverbalen (körpersprachlichen) und paraverbalen (stimmlichen) Kommunikation führen zu dem wichtigen ersten Eindruck über eine Person, der wenig revidierbar ist(vgl. auch Kammhuber, in: Thomas et al. 2005, S. 278). Der erste Eindruck führt zu anhaltenden Urteilen über das Gegenüber. Dies gilt gerade dann, wenn durch unterschiedliche Muttersprachen schwierige Kommunikationssituationen bestehen.

Unterscheiden lassen sich

- körpersprachliche Signale (Gestik, Mimik, Blickkontakt)
- paraverbale Signale (Stimmhöhe, Lautstärke und Sprechgeschwindigkeit)
- taktile Signale (in diesem Kontext: die Wahrnehmung körperlicher Nähe betreffend)

Um taktile Signale nicht falsch zu interpretieren, ist das Konzept der unterschiedlichen „Raumorientierung" nach Edward T. Hall hilfreich: Der „personal space" bzw. der benötigte Abstand zu anderen Menschen ist kulturell bedingt unterschiedlich. Ein Fremder kann deshalb entweder aufdringlich oder unnahbar kühl wirken. „Distanzmanagement" ist erforderlich. Wenn ein asiatischer Gesprächspartner sichtlich räumlich abrückt, so darf dies nicht als Unnahbarkeit oder Antipathie interpretiert werden. Umgekehrt sollte man entspannt reagieren, wenn beispielsweise ein indischer Kollege weniger Distanz einhält, als es für Deutsche üblich ist.

Körpersprachliche Signale können Missverständnisse hervorrufen, wenn Kulturen ihnen unterschiedliche Bedeutung zuweisen. Zustimmung wird in Deutschland beispielsweise durch Kopfnicken begleitet, Ablehnung durch Kopfschütteln. In Indien wird Zustimmung signalisiert, indem mit dem Kopf „gewackelt" wird bzw. eine Wiegebewegung erfolgt. Von Deutschen wird dies allzu leicht als Kopfschütteln und daher als Ablehnung interpretiert. Selbst wenn diese indische Eigenheit bekannt ist, kann sie Irritationen hervorrufen, weil Deutsche eben an eine andere zustimmende Gestik gewöhnt sind.

Deutsche finden es überzeugend, wenn ein Redner Blickkontakt zu den Zuhörern aufnimmt und hält, seiner Gestik freien Lauf lässt. Westler beurteilen eine tiefe Stimmlage positiv. In Argumentationsphasen wird laut und moduliert gesprochen. Ein Partner, der einem „nicht in die Augen schauen kann", wird negativ beurteilt, als unaufrichtig wahrgenommen.

In hierarchischen Kulturen, wie der japanischen Kultur, ist dagegen die Angemessenheit eines Blickkontakts abhängig von der hierarchischen Beziehung des Sprechenden zu seinen Zuhörern. Ein intensiver Blickkontakt kann dort als anmaßend empfunden werden, lautes Sprechen sogar als aggressiv. In der japanischen Kultur wird die verbale Ausdrucksweise nur als eines der möglichen Kommunikationsmittel verstanden. Bisweilen wird der nonverbalen Kommunikation sogar die größere Bedeutung zugewiesen (vgl. Ting-Toomey 1994, S. 367).

Die kultivierte Nutzung nonverbaler und paraverbaler Botschaften der Asiaten ist für Deutsche ein Problemfeld, weil es im scharfen Gegensatz zur deutschen Berufung auf die verbale Kommunikation bzw. auf das explizit Gesagte steht.

Gefühlte Widersprüche zwischen inhaltlichen Botschaften und nonverbalen Signalen sind für Deutsche ein weiteres Problem. Ein Beispiel: Das Lächeln der Asiaten wird von Deutschen manchmal abwertend als „Pokerface" bezeichnet. Bei Westlern kann es Verärgerung oder sogar Zorn hervorrufen, wenn Lächeln eine schlechte Nachricht oder eine Absage begleitet. Dauerlächeln gilt den Asiaten als Hilfsmittel zur Bewahrung von „Face", welches nach den asiatischen Kulturnormen in jedem Fall eingehalten werden muss. Lachen wird von Asiaten manchmal eingesetzt, um Unsicherheiten zu kaschieren oder als peinlich empfundene Situationen zu überspielen.

Deutsche finden dagegen nur den Gleichklang von Botschaft und begleitender Mimik authentisch und akzeptabel. Ein Dauerlächeln kann als emotionslos, undurchschaubar und von daher eher feindselig interpretiert werden. Umgekehrt gilt ein Deutscher, der seinen Emotionen freien Lauf lässt und damit sein „Gesicht verliert", bei asiatischen Gesprächspartnern als unhöflich und grob (vgl. Gutting 2016, S. 211).

Realisieren sollte man, dass beim Gegenüber oft ein ganz anderer Eindruck ankommt, als man beabsichtigt hat. Deshalb sollte man kritisch überdenken, welche Signale man aussendet. Ebenso wichtig ist es, offen zu bleiben in der Interpretation der Signale, die man empfängt.

4.4 Konfliktbeurteilung von Deutschen und Asiaten

Der Umgang mit Konflikten hängt stark davon ab, wie Konflikte in einer Kultur generell beurteilt werden.

In asiatischen Kulturen gelten Konflikte als negativ, weil sie die Harmonie gefährden, welche höchste Priorität hat. Die asiatische Konfliktvermeidung hat kulturelle Gründe: Ihre Wurzel liegen in den Arbeitsbedingungen der Reisanbaukulturen. Die Arbeit in den Reisfeldern stellte hohe Anforderungen an die Kooperationsfähigkeit und damit an den Zusammenhalt der Gruppe. Wenn ein starker Gruppenzusammenhalt überlebenswichtig ist, dann ist es kontraproduktiv, Konflikte auszutragen. Konfliktvermeidung konnte sich in Asien deshalb langfristig als Norm etablieren und wirkt auch unter den Bedingungen der Moderne weiter (vgl. auch Gutting 2013, S. 224).

Westler sind in der Tradition der Dialektik sozialisiert. Ihr zufolge führt die Austragung strittiger Meinungen zu einer weiterführenden Lösung. Deshalb erfahren offen artikulierte, logisch zwingende Argumentationsmuster eine hohe Wertschätzung (vgl. auch Kammhuber, in: Thomas et al. 2005, S. 298). In der klassischen Rhetorik wird einer These eine Antithese gegenübergestellt. In der Antithese werden Probleme oder Widersprüche aufgezeigt. Letztlich ergibt sich als Synthese eine Lösung. Seit der Antike gilt der Diskurs als Mittel der Wahrheitsfindung.

Eris ist in der griechischen Mythologie die Göttin der Zwietracht und des Streites. Immerhin gehört sie der Götterwelt an. In westlicher Sicht können Konflikte beschrieben, analysiert und gelöst werden. Selbst einem lautstarken, offenen Konflikt kann eine positive Funktion als „reinigendes Gewitter" oder „Dampf ablassen" zugeschrieben werden.

Die in der griechischen Antike wurzelnde westliche Welt betrachtet Gegensätze als potenziell funktional. Das westliche „Problemlösungsmodell" (vgl. Ting-Toomey 1994, S. 364) versteht einen Konflikt als erklärten Kampf, um Differenzen und Probleme offenzulegen. Grundsätzlich kann er funktional oder dysfunktional sein. Als dysfunktional gilt ein Konflikt dann, wenn er unterdrückt wird. Funktional kann er sein, wenn er die Möglichkeit eröffnet, Sachprobleme zu lösen. Folglich soll in westlicher Sichtweise mit Konflikten offen und direkt umgegangen werden. Konfliktgegenstand und Personen müssen getrennt werden. Der Fokus liegt auf der Problemlösung. Beide Konfliktgegner können gewinnen, wenn sich die Probleme lösen lassen.

In den kollektivistischen asiatischen Gesellschaften wird im Konfliktfall dagegen das „Gesichtswahrungsmodell" (vgl. auch Ting-Toomey 1994, S. 364) angewandt: Konflikte gefährden die Gesichtswahrung und die Beziehungen. Sie sind in asiatischer Sichtweise grundsätzlich dysfunktional – ein Mangel an Selbstdisziplin oder ein Ausdruck emotionaler Unreife. Konfliktbewältigung ist mit Gesichtswahrung untrennbar verbunden. Personen und Konfliktgegenstand können schlecht getrennt werden. Effektives Konfliktmanagement muss nach asiatischer Vorstellung deshalb vor allem die Beziehungen zwischen den Kontrahenten „retten". Konflikte sind stets diskret und subtil zu behandeln.

Als Ideal betrachten es Asiaten, Konflikte von vorneherein auszuschließen. Offizielle Anlässe werden deshalb mit großer Sorgfalt geplant. Teilnehmer, Sitzordnung, etc. werden zu diesem Zweck genau festgelegt. Man will sich frühzeitig absichern, um gar nicht erst Unannehmlichkeiten oder Peinlichkeiten aufkommen zu lassen, die zu Konflikten führen könnten. Auch deshalb registrieren Deutsche bei Verhandlungen oder Interaktionen mit Asiaten manchmal ein striktes Ritual oder eine Vielzahl von asiatischen Teilnehmern, mit denen sie gar nicht gerechnet hatten.

4.5 Konfliktkommunikation und Kommunikationswerkzeuge

Auf die zentrale Rolle der Kommunikation bei der Entstehung und Beilegung von Konflikten wurde oben bereits hingewiesen. Häufig beginnen Konflikte durch dysfunktionale Kommunikation. Sie führt zu Fehlinterpretationen, die letztlich in Konflikten resultieren.

Asiaten haben ein Mittel gegen Konflikte kultiviert: Sie tendieren dazu, Konflikte durch Themenwechsel, Verlassen der Situation oder Schweigen entschärfen zu wollen.

Eine solche Verhaltensweise steht im krassen Gegensatz zu der westlichen Auffassung, Konfliktpunkte offen zu benennen. Deutsche halten das Verdrängen eines Konfliktes für ungünstiger als dessen Thematisierung und Austragung.

In einer Konfliktsituation reagieren Deutsche typischerweise mit

- direkten Rückfragen
- verbalen Rechtfertigungen
- dem Versuch offener Klärungen
- Verteidigung der eigenen Handlungen oder Entscheidungen.

Kommuniziert wird möglichst direkt unter Einbezug von „Beweismaterial": Fakten, Zahlen, Statistiken etc.

Für die asiatische Neigung, Konflikte zu vermeiden, ist dagegen ein indirekter Kommunikationsstil notwendig. Er lässt bewusst vielseitige Möglichkeiten der Interpretation von Aussagen zu. Damit wird für Flexibilität gesorgt, sodass eine Aussage relativiert werden kann.

Asiaten nutzen kommunikative „Stilmittel", die indirekt auf ein Problem hinweisen oder es entschärfen sollen. Einige Beispiele (vgl. auch Ting-Toomey 1994, S. 369) sind:

- indirekte Fragen, z. B. „Glauben Sie nicht, dass wir noch genügend Zeit haben?"
- „Disclaimer", mit denen man das Gesagte von vornherein einschränkt, z. B. „Ich sehe das wahrscheinlich falsch, aber..."

- vom Problem ablenkende Wendungen wie „Lassen Sie uns im Moment darüber noch keine Sorgen machen"
- vorsichtige Bitten, z. B. „Wenn es Ihnen nichts ausmacht, dann lassen Sie uns bitte versuchen, diesen Bericht zusammen fertig zu stellen".

Die Gefahr einer aufkommenden schwierigen Situation wird angedeutet. Das Problem wird nicht direkt angesprochen. In asiatischer Sicht ist es nun Sache des Gegenübers, die Botschaft, ihre Bedeutung und Intention aufzugreifen und adäquat zu reagieren. Deutsche verstehen diese Art der Kommunikation häufig nicht, oder interpretieren sie als ein Zeichen von Schwäche.

Perfekt wäre es aus asiatischer Sicht, wenn der deutsche Partner ebenso indirekt und mehrdeutig antworten würde. Der Deutsche würde damit sein Geschick und seine Flexibilität unter Beweis stellen. Freilich stellt dies hohe Anforderungen an die um Klarheit und rasche Problemlösungen bemühten Deutschen.

In einem fortgeschrittenen Konflikt gehen Asiaten oft davon aus, dass verbale Botschaften das Problem nur noch verschlimmern und reagieren mit Schweigen. Schweigen in einer Konfliktsituation wird in der asiatischen Sichtweise als anspruchsvoller Akt der Selbstdisziplin verstanden. In westlicher Sicht wird Schweigen dagegen eher als Schuldbekenntnis oder Inkompetenz aufgefasst (vgl. Ting-Toomey 1994, S. 366 f.). Der Verzicht auf verbale Erklärungen, führt manchmal auch dazu, dass Deutsche Asiaten für „undurchschaubar" halten.

Deutsche wollen Probleme ausräumen, durch offene – notfalls auch heftige – Diskussion. Emotionalität während einer stressigen Konfliktsituation ist in westlicher Sichtweise völlig akzeptabel. In asiatischen Kulturen gilt dagegen nur das Zurückhalten von Emotionen als Zeichen einer reifen, disziplinierten Persönlichkeit.

Indem man den Gegenstand des Konfliktes und die beteiligten Personen trennt, können in deutscher Sichtweise die Beteiligten nach der Problemlösung wieder freundschaftlich miteinander umgehen. Im beziehungsorientierten asiatischen Kontext lassen sich Konfliktgegenstand und beteiligte Personen weitaus schlechter trennen.

Schon die Art und Weise, öffentlich zu kommunizieren, kann kulturell unterschiedlich beurteilt werden. Traditionell galt bei Chinesen ein bescheidenes Auftreten als positiv, wenn ein Redner seine eigenen Leistungen schmälerte, mit einer eingeschränkten Gestik eher leise sprach, weshalb die Fachliteratur oft noch auf eine solche Verhaltensweise vorbereitet (vgl. z. B. Kammhuber, in: Thomas et al. 2005, S. 274 ff.). Dies mag teilweise noch fortwirken, ändert sich aber bei vielen asiatischen Managern im Zuge der kulturellen Anpassung – und wohl auch aufgrund von Ausbildungen in westlichen Business Schools. Zu beobachten ist bei asiatischen Managern zunehmend eine Präsentationsweise, wie sie im Westen üblich ist: ein selbstbewusstes Auftreten mit Aussagen, die mit Fakten, Zahlen und Nachweisen belegt werden.

Unterschiede in der Konfliktkommunikation kann man folgendermaßen zusammenfassen:

- Deutschen gilt die direkte Kommunikation als konstruktiv und zielführend. Aus Gründen der Verständigkeit hält man es für notwendig, gerade kritische Punkte zum Ausdruck zu bringen. Der sog. „Kontrollstil" wird angewandt, um die Gegenseite mit Argumentationstechniken zu überzeugen, basierend auf rationaler Argumentation, mit Fakten, Statistiken, Nachweisen, Belegen bis hin zu Versprechungen oder sogar Drohungen.
- Im beziehungsorientierten Asien gilt als Ideal ein nichtkonfrontativer Stil. Direkte Auseinandersetzungen versucht man zu vermeiden, möglichst von vorneherein auszuschließen. Kritische Punkte werden in Andeutungen geäußert. Von den deutschen Partnern müssen sie aus dem Kontext erschlossen werden.

Körpersprachliche Signale werden eingesetzt, um Problempunkte anzudeuten, aber nicht direkt benennen zu müssen. Zieht beispielsweise ein asiatischer Partner bei einem Besprechungspunkt ganz langsam Luft durch die Zähne, so kann dies als Signal verstanden werden, dass es hier ein Problem gibt.

Achten sollte man gerade auch auf das, was nicht gesagt wird. Ein Beispiel: Wenn ein asiatischer Partner die gute Atmosphäre eines Meetings und die erfolgreiche Bearbeitung einiger (nebensächlicher) Tagesordnungspunkte lobt, aber sich in keiner Weise zum wichtigsten Tagesordnungspunkt äußert, so kann dies als Ausdruck seiner Unzufriedenheit damit verstanden werden.

Natürlich entstehen auch bei Asiaten Ärger und Frustrationen. Wenn sie sich normgerecht verhalten, können sie den Ärger nicht direkt ableiten. Daraus können nagende Frustrationen entstehen, die manchmal erst später ausbrechen. Zeitversetzt erfolgen negativen Reaktionen, die die deutschen Partner dann unvorbereitet treffen und die sie nicht einordnen können.

4.5.1 Fehlervermeidung und Teufelskreise

Um einen Konflikt nicht ausbrechen zu lassen, finden Asiaten es durchaus akzeptabel, Fehler zu beschönigen, vielleicht sogar die Fakten ein wenig zu verbiegen. In der deutschen Kultur, in der Aufrichtigkeit als zentraler Wert gilt, kann dies wiederum als „unehrlich" aufgefasst werden.

Fehlermanagement ist eine große Herausforderung für Deutsche in der Zusammenarbeit mit Asiaten. Deutsche kennen den Begriff der „Fehlerkultur". Sie setzt die Bereitschaft voraus, Fehler anzunehmen, um daraus zu lernen.

Für Asiaten ist das Bekanntwerden eines Fehlers meist problematischer als der Fehler selbst. Asiaten gehören der – eher nach außen wirkenden – „Schamkultur" an: Ein Fehler ist nicht nur persönlich peinlich, sondern wirft ein schlechtes Licht auf die gesamte Gruppe, insbesondere, wenn er öffentlich diskutiert wird. Dies muss unbedingt verhindert werden. Fehlervermeidung ist deshalb für Asiaten ein zentrales Motiv.

Die westliche „Schuldkultur" wirkt dagegen eher als inneres Regulativ. Wenn man einen Fehler gemacht hat, kann man die Verantwortung dafür persönlich übernehmen und ihn ausbügeln. Insofern ist Deutschen ein konstruktiver Umgang mit Fehlern weitaus besser möglich.

Diese Unterschiede im Umgang mit Fehlern werden leicht zu einem Motor für sog. Teufelskreise. Die Kommunikationspsychologie hat Methoden und Modelle entwickelt, um mit Irritationen und Konflikten reflexiv umzugehen. Eines davon ist das Model des „Teufelskreises" (vgl. Kumbier und Schulz von Thun 2008, S. 22): In einem Konflikt neigt man dazu, die Schuld beim Gegenüber zu suchen. Das eigene Verhalten wird als zwangsläufige oder notwendige Reaktion auf das Verhalten des anderen verstanden. Das Teufelskreismodell von Schulz von Thun richtet deshalb den Blick auf das Zusammenspiel der Beteiligten und macht deutlich, wie ein Akteur durch sein Verhalten – ungewollt und unbewusst – das Verhalten des Konfliktgegners beeinflusst, obwohl er glaubt, lediglich darauf zu reagieren.

Ein Beispiel (vgl. Gutting 2013, S. 120): Ein deutscher Manager erhält die Beschwerde eines Kunden, dass sein asiatisches Team ein fehlerhaftes Produkt ausgeliefert hat. Der Deutsche ruft sein Team zusammen, erklärt die Beschwerde des Kunden und fordert den Projektleiter auf, den Fehler unverzüglich zu beheben. Anstatt sich auf die Korrektur des Fehlers zu konzentrieren, sucht der Projektleiter nun nach Gründen, warum der Fehler aufgetreten ist. Dass der Fehler vom Chef offen im Team diskutiert wurde, ist für ihn ein größeres Problem als der Fehler selbst. Nach einigen Tagen findet der Chef in seiner E-Mail tausend Gründe für den Fehler vor. Das Problem ist aber immer noch nicht beseitigt. Der Chef ist frustriert, insistiert auf einer schnellen Lösung, was seinen Mitarbeiter noch mehr in die Defensive und auf die Suche nach Fehlerursachen treibt. So geht das hin und her, der Chef wird immer ungeduldiger, der Mitarbeiter immer defensiver. Der Konflikt schaukelt sich hoch.

In unserem o. g. Beispiel wird der deutsche Chef – in seinem Bemühen um Klärung und effiziente Fehlerbehebung – immer „deutscher", der asiatische Projektleiter – im Bemühen um die Gesichtswahrung – immer „asiatischer". Das Modell des Teufelskreises in Verbindung mit dem Wissen um Schuld- und Schamkultur ist hier eine Verständnishilfe, weil es die Konfliktdynamik zeigt.

4.5.2 Modifizierte Anwendung gewaltfreier Kommunikation

Auch im konfliktbereiteren Westen wird der Wert der Prävention von Konflikten und die besondere Bedeutung der Kommunikation dazu anerkannt.

Das von Marshall Rosenberg entwickelte Modell der gewaltfreien Kommunikation (GFK) geht von der Grundannahme aus, dass die Ursachen für Konflikte vor allem in der Kommunikation zu finden sind (vgl. Fröhlich-Archangelo, in: Bolten 2004, S. 276 ff.). Leitfrage der GFK war es, herauszufinden, welche Form der Kommunikation die Bereitschaft der Menschen zur Kooperation fördert.

Vier Schritte wurden identifiziert:

- Beobachtung: Die Beschreibung eines Konfliktes soll als Beobachtung erfolgen, ohne Beurteilung und Bewertung, um einen gemeinsamen, unstrittigen Ausgangspunkt der Konfliktparteien zu schaffen. Wahrnehmung soll von Bewertung und Interpretation getrennt werden. Die Formulierung soll sich auf einen konkreten Zeitrahmen und Kontext beziehen. Aus dem Vorwurf „Der Mitarbeiter X kommt immer zu spät zur Arbeit" wird die exakte Formulierung „Herr X hat am 11., am 12. und am 20. Juni seine Arbeit gegen 9.30 aufgenommen".
- Gefühl: Im zweiten Schritt wird das durch die Beobachtung ausgelöste Gefühl ermittelt. Die Konfliktgegner sollen sich mit den Gefühlen des jeweiligen Kontrahenten auseinandersetzen und Empathie entwickeln. Die Resonanz auf Gefühlsäußerungen des Gegenübers fällt häufig positiv aus, weil Gefühle als etwas universell Menschliches und daher ein verbindendes Element sind. Offen gelegten Gefühle sind gleichzeitig ein Wegweiser zu den Bedürfnissen der Kontrahenten und können eine Lösung des Konfliktes aufzeigen. Streng unterscheiden muss man zwischen Gedanken und Gefühlen. Die Aussage: „Ich habe das Gefühl, das hier einiges schief läuft", drückt nicht ein Gefühl aus, sondern einen Gedanken. Tatsächlich dahinterliegende Gefühle sind Unsicherheit oder sogar Ängstlichkeit (vgl. Fröhlich-Archangelo, in: Bolten 2004, S. 279).

- Bedürfnis: Im dritten Schritt wird das Bedürfnis hinter dem Gefühl offengelegt. Eine negative Aussage über einen Menschen kann unterschiedliche Gefühle bei diesem auslösen: Er kann mit Ärger, Verunsicherung oder aber mit Gleichgültigkeit reagieren. Aus GFK-Sicht kann die Aussage anderer nicht für die eigenen Gefühle verantwortlich gemacht werden. Man muss stets Verantwortung für die eigenen Gefühle übernehmen. Kommunikativ erfolgt ein Wechsel von Du- bzw. Sie-Botschaften zur Ich-Botschaft, z. B. aus „Sie haben mich durch diese Aussage beleidigt" wird „Ich fühle mich durch diese Aussage verletzt. Ich möchte mehr Wertschätzung erfahren". Eine bedürfnisorientierte Ausdrucksweise soll Schuldzuweisungen vermeiden. Der Konfliktpartner soll dadurch seine Abwehrhaltung aufgeben, stattdessen dem Gegenüber zuhören, damit er dessen Bedürfnisse zur Kenntnis nimmt und künftig respektiert.
- Bitte: Im vierten Schritt erfolgt die Bitte um eine konkrete Handlung, um das Bedürfnis zu erfüllen. Die Bitte sollte so formuliert werden, dass sie keine Forderung darstellt, die schnell abgelehnt wird, sondern erfüllbar ist.

Nach dem Modell der GFK ist in diesen vier Schritten eine Seite des Kommunikationsprozesses erfüllt. Die zweite Seite besteht darin, die vier Elemente beim Partner wahrzunehmen, somit Empathie zu entwickeln.

Die Anwendung des Modells der GFK in der Zusammenarbeit mit Asiaten hat jedoch Tücken: In den asiatischen Gesellschaften gilt es als Tugend, Emotionen zurückzuhalten. In der konfuzianistischen Kultur wurde stets Energie darauf verwendet, die eigene Innenwelt nicht preiszugeben, sondern die als angemessen empfundene gesellschaftliche Rolle einzuhalten, um dem Gebot der Aufrechterhaltung harmonischer Beziehungen gerecht zu werden. Die gewohnte Maske der Höflichkeit (vgl. z. B. Wang, in: Kumbier und Schulz von Thun 2008, S. 192) ist in hohem Maße hinderlich, Gefühle oder Wünsche offenzulegen.

Für Asiaten ist es deshalb schwierig, Gefühle zu verbalisieren. Die GFK-Methode ist aus diesem Grunde zu modifizieren. Übernommen werden kann die Idee der kooperationsaffinen Kommunikation, jedoch sind die Botschaften indirekt zu vermitteln.

Greifen wir wieder das Beispiel eines häufig zu spät kommenden asiatischen Mitarbeiters auf und modifizieren wir dabei das Modell der GFK:

- Die Beobachtung sollte indirekt vermittelt werden. Man könnte den zu spät kommenden asiatischen Mitarbeiter zur Seite nehmen und formulieren: „Einige Mitarbeiter sind in der vergangenen Woche leider immer erst nach neun zur Arbeit gekommen". Der Mitarbeiter wird erkennen, dass er selbst gemeint ist.

- Das ausgelöste Gefühl könnte vom Deutschen folgendermaßen umschrieben werden: „Ich habe große Sorge, dass wir durch die häufigen Verspätungen unser Arbeitspensum nicht in der notwendigen Qualität erbringen können".
- Das Bedürfnis hinter dem Gefühl könnte man so verbalisieren: „Ich wünsche mir sehr, dass jeder Mitarbeiter pünktlich kommt, damit wir gute Arbeit leisten können".
- Die Bitte im vierten Schritt um eine konkrete Handlung kann indirekt formuliert werden, z. B. „Bitte helfen Sie mir dabei, bei allen Kollegen mehr Pflichtbewusstsein für die Einhaltung der Arbeitszeit zu schaffen."

Die wenigsten westlichen Modelle können im Asiengeschäft unverändert angewandt werden. Wenn man die kulturellen Besonderheiten kennt und berücksichtigt, sind effektive Modifikationen möglich.

4.5.3 Kommunikationsquadrat

Als bewährtes Modell zur Konfliktklärung gilt das „Kommunikationsquadrat" von Friedemann Schulz von Thun, auch „Vier-Seiten-Modell", „Nachrichtenquadrat" oder „Vier-Ohren-Modell" genannt.

Nach dem Modell hat eine Nachricht vier Seiten: Sachinhalt, Selbstkundgabe, Beziehung und Appell (vgl. Kumbier und Schulz von Thun 2008, S. 12):

- Sachinhalt: Worüber informiere ich?
- Selbstkundgabe: Was gebe ich als Sender durch die Nachricht von mir selbst kund?
- Beziehung zwischen Sender und Empfänger: Was halte ich von dir? Wie stehen wir zueinander?
- Appell bzw. beabsichtigte Wirkung: Wozu möchte ich den Empfänger mit der Nachricht veranlassen?

Bereits innerhalb einer Kultur sind oft die vier Botschaften, die der Sender beabsichtigt, und die vier Botschaften, die beim Empfänger ankommen, nicht deckungsgleich. Im Zusammenspiel zwischen Deutschen und Asiaten erhöht sich diese Gefahr, sodass es leicht zu Irritationen und Konflikten kommen kann.

Ein Beispiel (vgl. Kumbier und Schulz von Thun 2008, S. 12 f.): Eine Chinesin antwortet auf die Frage einer Deutschen, ob sie einen Tee haben möchte, mit „Nein danke". Weil der Chinesin anschließend keinen Tee serviert wird, ist sie verstimmt. Die Deutsche spürt dies, ohne den Grund für die entstandene Konfliktsituation zu verstehen.

Der Konflikt lässt sich anhand des Kommunikationsquadrats folgendermaßen erklären: Auf der Sachebene folgert die Deutsche aus der Aussage „Nein danke", dass die Chinesin jetzt keinen Tee möchte. Für die Chinesin ist die Ablehnung jedoch Teil eines Höflichkeitsrituals: Das Angebot wird von ihr als Willkommenssignal interpretiert. Nach chinesischem Höflichkeitskodex muss man es zunächst ablehnen. Die Chinesin geht davon aus, dass das Angebot wiederholt wird.

Auf der Ebene der Selbstkundgabe meint die Chinesin mit ihrer Ablehnung: „Ich bin ein höflicher Mensch, deshalb mache ich keine Umstände". Die Deutsche versteht die Selbstkundgabe der Chinesin nicht.

Als Beziehungsbotschaft will die Chinesin ausdrücken: „Mir ist vor allem unser Kontakt wichtig. Ich will deshalb keinen Aufwand verursachen". Die Deutsche nimmt das „Nein, danke" auf der Beziehungsebene einfach als Dank für ein freundliches Angebot.

Als Appell versteht die Deutsche „Bemüh dich nicht!". Der Appell der Chinesin ist jedoch: „Wenn das Angebot ernst gemeint ist, dann hätte ich gerne einen Tee".

Die Ablehnung der Chinesin begründet sich also mit dem Gebot der Höflichkeit. Sie wartet auf die Wiederholung, damit sie das Angebot annehmen kann. Für die Deutsche ist eine Ablehnung schlicht eine Ablehnung, es gibt keinen Grund, noch mal zu fragen (vgl. auch Gutting 2016, S. 245 f.).

Die Interpretation von Gesagtem und Gemeintem bzw. von dem, was der Sender in eine Botschaft hineinlegt und dem, was beim Empfänger ankommt, kompliziert sich im interkulturellen Kontext. Bezieht man kulturelle Konventionen und Wertvorstellungen ein, nützt dieses Modell zur Analyse von Missverständnissen.

4.6   Konfliktlösung und -vermeidung

Bei Konflikten stehen folgende Verhaltensoptionen zur Verfügung (vgl. auch Gutting 2016, S. 229 ff.):

- Verdrängung
- friedliche Beilegung
- Vermittlung/Mediation
- Schlichtung
- Rechtsprechung
- (auch: gewaltsame) Unterdrückung der Interessen und Rechte des Gegenübers.

Konfliktverdrängung gilt im westlichen Kontext als dysfunktional, wird von Asiaten jedoch häufig angewandt. Bestmögliche Optionen der Konfliktlösung in Organisationen sind die friedliche Beilegung und die Vermittlung oder Mediation. Noch effektiver ist es freilich, Konflikte erst gar nicht aufkommen zu lassen.

4.6.1 Vermeidung und Beilegung von Konflikten im Vergleich

Konflikte können vermieden oder beigelegt werden durch

- den Einsatz von Macht
- die Anwendung von Regeln, Standardprozeduren, Verträgen etc.
- die Integration möglichst vieler Interessen
- rationale, nachvollziehbare Argumentation und Diskussion
- gute Beziehungen der (Vertrags-)Partner.

Engelen und Tholen (2014, S. 186 ff.) haben in Rückgriff auf empirische Studien von Tinsley (1998, 2001) und Morris et al. (1998) auf die Kulturgebundenheit von Konfliktlösungsverhalten hingewiesen:

Um Konflikten vorzubeugen, tendierten Deutsche dazu, Regeln festzulegen und festhalten. Gemeinsam vereinbarte Regeln sind nachvollziehbar und akzeptabel. In kritischen Situationen will man sich auf sie berufen können. Regularien, Standardprozeduren und die Erstellung expliziter Vertragsunterlagen gelten als probates Mittel der Konfliktprävention.

Für die Konfliktbereinigung wollen sachorientierte Deutsche mittels Argumentationstechnik sorgen. Durch eine rationale Argumentation mit gesicherten Fakten will man auch im Konfliktfall Überzeugungsarbeit leisten. Eine gefeilte Rhetorik soll die Argumentation unterstützen.

Asiaten halten gute Beziehungen für am ehesten geeignet, Konflikte erst gar nicht entstehen zu lassen. Tritt doch ein Konfliktfall ein, bemüht man sich um dessen rasche Beilegung. Konflikte werden vor allem durch den Einsatz von Macht gelöst, indem sich der Rangniedrigere dem Höhergestellten unterordnet. Der Status der Konfliktparteien ist ausschlaggebend. Neben dem Status hat die Seniorität Gewicht und wird zur Konfliktbeilegung genutzt.

Allerdings wäre es ein Irrglaube, aufgrund des Ideals der Gruppenharmonie von Asiaten stets nur harmonisches Verhalten zu erwarten. Wie alle Geschäftspartner sind natürlich auch Asiaten bei Zielkonflikten primär an der Durchsetzung ihrer eigenen Ziele interessiert. Die Einhaltung von Harmonie ist ein Ideal mit Blick auf die Pflege guter Geschäftsbeziehungen. Sie soll der Zielerreichung dienen. Wenn die Zieldurchsetzung infrage steht, wird die Harmonie manchmal genauso hintangestellt, wie bei Westlern die vereinbarten Regeln. Deutsche sollten sich darauf einstellen, dass Asiaten hartnäckig kämpfen, wenn es um die Durchsetzung besonders kritischer Punkte, z. B. in Preisverhandlungen geht, beispielsweise durch eine stetige Wiederholung der Forderungen.

Ein Problem für Deutsche in kritischen Situationen mit asiatischen Partnern ist oft die Unklarheit der Entscheidungsmacht. Es stellt sich die Frage: Wer ist überhaupt befugt, Entscheidungen für die Organisation zu treffen? In den hierarchischen asiatischen Gesellschaften behalten sich dies typischerweise die Unternehmenseigner oder Topmanager vor. Entscheidungsmacht wird selten delegiert. Viele Probleme können nicht geklärt werden, wenn die Gesprächspartner vor Ort keine Entscheidungsmacht haben, die letztendlichen Entscheidungen in weiter Entfernung zum Konfliktherd getroffen werden. Bei Problemen in der Kooperation mit Chinesen liegt manchmal die Entscheidungsgewalt bei in Peking sitzenden Bürokraten. In Transformationsländern, wie z. B. Vietnam, ist manchmal unklar, wer überhaupt verbindliche Entscheidungen treffen darf (vgl. auch Gutting 2016, S. 238). Verständnis für solche Situationen sollte Deutsche davon abhalten, schnelle Lösungen zu fordern.

In einer Studie zur Wirkung von Individualismus und Kollektivismus auf Konfliktlösung (2001) fand Tinsley, dass Konflikte in individualistisch orientierten Kulturen vorwiegend durch das Integrieren sämtlicher Interessen beigelegt werden. So versuchen auch Deutsche, Kompromisse durch die Berücksichtigung möglichst vieler Interessen der Parteien zu erwirken. Dies entspricht dem Gedanken des Pluralismus: Man erkennt die Berechtigung einzelner Interessen an. Im kollektivistischen Asien sind Mitarbeiter dagegen leichter bereit, eigene Wünsche dem Gesamtinteresse unterzuordnen. Die Bedeutung der Gruppe bewirkt eine relativ große Bereitschaft der Einzelnen, sich dem Gruppenwohl unterzuordnen.

Eine Studie von Morris et al. (1998) bestätigte das Konkurrenzprinzip in den individualistischen westlichen Kulturen: Mit Hartnäckigkeit wurden die eigenen Interessen offen verfolgt. In den kollektivistischen Kulturen Chinas, der Philippinen und in Indien reagierte man dagegen eher nach dem Vermeidungsprinzip: Konflikte wurden ignoriert oder umgangen, indem man sie nicht offen thematisierte (vgl. zu den Studien Engelen und Tholen 2014, S. 187 f.).

Wir fassen zusammen, dass für Asiaten im Wesentlichen nur zwei Optionen bestehen:

- Entweder wird ein Konflikt durch den Einsatz von Macht und Hierarchie möglichst rasch gelöst
- oder der Konflikt wird umgangen bzw. nicht thematisiert.

Konfliktlösung im westlichen Sinne ist für Asiaten keine Option. Bei einem asymmetrischen Konflikt, beispielswiese zwischen einem Vorgesetzten und einem asiatischen Mitarbeiter, sind Diskussionen und Klärungsgespräche nicht üblich. Wenn asiatische Mitarbeiter mit Positionen der Vorgesetzten nicht einverstanden sind, verlassen sie eher das Unternehmen, als einen Konflikt auszutragen. Will man die Kosten hoher Fluktuation vermeiden, ist die aktive Konfliktprävention eine wichtige Führungsaufgabe.

4.6.2 Westliche versus asiatische Mediation

„Mediation" bedeutet Vermittlung im Konflikt. Ein Mediator ist ein neutraler Dritter ohne Entscheidungsgewalt, der versucht, die miteinander in Konflikt stehenden Parteien zur Einigung zu bringen.

Die Wurzeln des Mediationsgedankens liegen in Asien, wo Religionen und Philosophien seit jeher Konsens, Kooperation und Harmonie propagieren. Auch bei afrikanischen Volksstämmen und in Lateinamerika gibt es Formen traditioneller Mediation. In kollektivistischen Kulturen existiert die Tradition der sog. „Middle Men". Sie sind Personen, die das Vertrauen beider Parteien besitzen. Durch ihr Ansehen und ihre Eingebundenheit ins Umfeld der Kontrahenten können sie Gegensätze ausräumen, dabei Gesichtsverluste vermeiden und Lösungen herbeiführen.

In westlichen Gesellschaften werden Konflikte durch geschulte Mediatoren professionell beigelegt. Mediation als außergerichtliches Verfahren der Konfliktbearbeitung hat sich im Westen erst in der jüngeren Geschichte etabliert. Entwickelt wurde das Verfahren in den 60er Jahren in den USA und ist von dort Anfang der 90er Jahre nach Europa gelangt (vgl. Fröhlich-Archangelo, in: Bolten 2004, S. 265). Es entstand, weil die Konfliktkompetenz der amerikanischen Gesellschaft sichtbar abgenommen hatte: Immer mehr Streitfälle wurden vor Gericht getragen. Das Mediationsverfahren sollte schneller und kostengünstiger als die Gerichte arbeiten und den Parteien zu einer gestärkten Konfliktkompetenz verhelfen (vgl. Busch, in: Bolten 2004, S. 251).

Die Elemente der westlichen Mediation sind

- ein vermittelnder unparteiischer Mediator, der nicht Entscheidungen treffen, sondern den Diskurs strukturierend und kommunikationsfördernd leiten soll
- die Einbeziehung aller Konfliktparteien
- die außergerichtliche Ebene
- die freiwillige Bereitschaft der Teilnahme
- die Akzeptanz des Mediationsergebnisses durch die Konfliktparteien.

Die Mediation soll Lösungen aufzeigen, die von den Konfliktparteien als nachhaltiger und zufriedenstellender empfunden werden als Gerichtsentscheide.

Das asiatische Mediationsmodell unterscheidet sich wesentlich von dem relativ neuen amerikanischen Mediationsmodell: In Asien ist Mediation traditionell in der Gemeinschaft verankert. Gestaltet wird sie von bewährten Mitgliedern der Gemeinschaft. Mediatoren sind angesehene Führungspersönlichkeiten oder anerkannte „Go-Betweens". Sie sind persönlich in das soziale Netz der Konfliktparteien eingebunden, vor und nach der Lösung eines Konflikts mit den Parteien in Kontakt. Die Konfliktkommunikation ist ausgerichtet auf das Lösen von Spannungen in der Gemeinschaft und auf die Aussöhnung der Parteien. Der Prozess findet im Kontext der sozialen Interaktion, auf den vertrauten Wegen der Konfliktparteien statt. Zeitpläne sind zweitrangig. Der Mediator benutzt einen indirekten Kommunikationsstil, um das Gesicht aller zu wahren, Bedrohungen zu vermindern und ungleiche Machtverteilungen auszugleichen. Durch seine Eingebundenheit in die Gemeinschaft kann er auch als Ratgeber fungieren.

Dagegen ist Mediation westlicher Prägung ein formaler Prozess mit einer klaren Struktur. Zeit und Ort bzw. Ablaufplan und Rahmen werden vordefiniert. Der Mediator gilt als „technischer" Spezialist. Sein Verhältnis zu den Konfliktparteien ist rein professionell. Er nimmt nach der Mediation nicht mehr am Leben der Konfliktparteien teil. Der Prozess ist monochron, d. h. ein Punkt nach dem anderen wird in Sitzungen abgearbeitet und mittels eines Zeitplans kontrolliert. Das Vorgehen ist ergebnisorientiert: Einigung über die Streitfragen soll erreicht werden. Vereinbarungen werden in einem Vertrag festgehalten. Unterschiede bestehen auch im Kommunikationsstil: Das amerikanische Modell setzt bewusst auf direkte Konfrontation. Im einleitenden Statement der Mediatoren werden Kommunikationsregeln festgelegt, der Kommunikationsfluss durch Moderation strukturiert. Im Fördern des Kommunikationsflusses besteht die Hauptaufgabe des Mediators. Die Lösungen selbst sollen von den Konfliktparteien erarbeitet werden (vgl. auch Gutting 2016, S. 241 f.).

Die asiatische Tradition der Mediation innerhalb der Gemeinschaft durch besonders angesehene Persönlichkeiten hat Auswirkungen auf die Rolle von Führungskräften: Sie stellt Erwartungen an deren Mediationskompetenz. In China übernimmt eine Führungskraft auch eine moralische Verantwortung für die Mitarbeiter (vgl. Müller und Yuan 2017, S. 13). Sogar bei familiären Konflikten begleitet die ideale Führungskraft die Familie in Form von Moderation.

Unvorbereitete Deutsche, die die Führung asiatischer Mitarbeiter übernehmen, reagieren oft mit Verblüffung auf solche Erwartungen. Wird der deutsche Manager jedoch den Erwartungen nicht gerecht, verliert er bei seinen asiatischen Mitarbeitern an Respekt und riskiert einen Imageverlust.

Deutsche erwarten, dass ein Konflikt zwischen Kollegen durch diese selbst geregelt wird. Traditionell vermittelt im asiatischen Kulturkontext dagegen ein „Mittelmann" zwischen sich uneinigen Parteien, der von beiden Seiten als Vertrauensperson geschätzt wird und den sozialen oder beruflichen Kontext kennt. Im Konflikt zwischen zwei Mitarbeitern ist der ideale „Middle Man" der oder die Vorgesetzte. Er ist gefordert, eine Lösung herbeizuführen. Allenfalls an einen älteren, geachteten Kollegen kann ein Vorgesetzter die Vermittlungsrolle – explizit – delegieren.

In deutschen Unternehmen wird Konfliktmanagement an Konfliktanlaufstellen (z. B. Ombudsstelle, Gleichstellungs- oder Mobbing-Beauftragte, Betriebsrat, interne Sozialberatung etc.) verwiesen. Konfliktberatung und Mediation findet also – lokalisiert – in dafür vorgesehen Organisationseinheiten oder Funktionen statt. Solche existieren in asiatischen Organisationen nicht. Für Asiaten ist Konfliktregelung eine „typische Chefsache" (vgl. auch Müller und Yuan 2017, S. 19).

4.7 Konfliktprävention und Vertrauen in der Zusammenarbeit mit Asiaten

In den o. g. Ausführungen haben wir Konfliktvermeidung als Grundmerkmal in asiatischen Gesellschaften herausgearbeitet. Westliches Konfliktmanagement ist nicht möglich. Daher kommt der Konfliktprävention eine besondere Bedeutung in der Zusammenarbeit mit Asiaten zu.

Gegen Konflikte provozierende Unklarheiten sichert man sich möglichst von vornherein ab. Strukturelle Führung und vordefinierte Prozesse sind ein gangbarer Weg für die reibungslose Zusammenarbeit mit asiatischen Mitarbeitern. Ist eine Vorgehensweise vorstrukturiert, muss sie nicht hinterfragt und diskutiert werden, sondern kann ausgeführt und anschließend kontrolliert werden. Aufgrund der Hierarchieakzeptanz asiatischer Mitarbeiter werden Kontrollroutinen bereitwillig angenommen.

Oben wurde schon erwähnt, dass Asiaten gute Beziehungen für das geeignetste Mittel der Konfliktprävention halten. In der Zusammenarbeit mit asiatischen Geschäftspartnern spielt persönliches Vertrauen eine besondere Rolle.

Vertrauen gründet sich in Asien vor allem auf

- interpersonellen Beziehungen und
- Reziprozität: Gegenseitigkeit im Geben und Nehmen gilt Asiaten als Grundprinzip menschlichen Handelns (vgl. auch Gutting, in: Asienkurier 1.6.2014, S. 5 ff.).

In den westlichen Ländern konnte sich historisch ein hohes Systemvertrauen entwickeln. Die Wirkung der Aufklärung mit ihrer Idee geteilter Gewalten als gegenseitige „Checks and Balances" hat zur Entstehung funktionierender Rechtsstaaten geführt. Die verlässliche Anwendung von Rechtsstaatlichkeit in den Institutionen hat dieses Systemvertrauen zunehmend gestärkt.

In Asien haben sich im Zeitablauf andere Vorstellungen als in Deutschland entwickelt, worin Vertrauen letztlich begründet werden kann. In Gesellschaften, in denen die positive Erfahrung mit verlässlichem Recht und Gesetz historisch wenig verankert ist, lange Zeit staatliche Willkür dominierte oder sogar immer noch erfahren wird, verlässt man sich lieber auf gute persönliche Beziehungen als auf ein abstraktes System. Vertraut wird eher Personen und persönlichen Netzwerken, die sich als verlässlich erwiesen haben.

Die unterschiedlichen Auffassungen, ob man eher Systemen oder eher Personen vertrauen kann, haben Konsequenzen für die heutige Geschäftspraxis: Amerikanische oder deutsche Organisationen ziehen es vor, sich auf ausführliche Regelungen und explizite Verträge mit einem Partnerunternehmen stützen zu wollen, um Unklarheiten auszuschließen. Vertraut wird letztlich auf Recht und Gesetz und verlässliche Institutionen, die Recht durchsetzen können.

Aus asiatischer Sicht kann das Beharren auf Verträgen gerade als Ausdruck eines mangelnden Vertrauens in die persönlichen Beziehungen zwischen den Partnern gewertet werden und so einen Konflikt erst begründen.

Der Aufbau guter persönlicher Beziehungen zu den Partnern ist deshalb im Asiengeschäft unerlässlich, zumal im Geschäftsleben immer Interessengegensätze existieren.

Deutsche arbeiten nicht nur bei Auslandseinsätzen international zusammen, sondern zunehmend im Inland, in Teams von Mitarbeitern aus unterschiedlichen Ländern, auch virtuell.

Welche Beobachtungen zur multinationalen bzw. multikulturellen Zusammenarbeit liegen vor? Wie lässt sich multikulturelle Kooperation möglichst konfliktfrei gestalten?

5.1 Kooperation multinationaler Teams

Deutsch-asiatische Teams unterliegen einem Dilemma, das für alle multinationalen Teams gilt: Einerseits erlauben ihre unterschiedlichen Hintergründe und Perspektiven den Rückgriff auf mehr Wissen. Aufgaben können umsichtiger bearbeitet, bessere Lösungen gefunden werden. Andererseits erschwert die Vielfalt an Meinungen und Arbeitsstilen die reibungslose Kommunikation und Zusammenarbeit (vgl. auch Podsiadlowski 2007, S. 579).

Zum einen können gemischte Teams gemeinsam mehr Kreativität entwickeln und Probleme nachhaltiger lösen. Zum anderen drohen die Gefahren heterogener Gruppen, nämlich dass

- sich Teammitglieder weniger mit dem Team identifizieren,
- weniger Gruppenzusammenhalt besteht,
- Konflikte entstehen, die zu mehr Stress, geringerem Wohlbefinden und letztlich zu Absenz und Fluktuation führen.

„Gleich und gleich gesellt sich gern" gilt auch für multikulturelle Arbeitsgruppen. Nach dem „Ähnlichkeits-Attraktions-Paradigma" (Byrne 1971) sind Personen für

© Springer Fachmedien Wiesbaden GmbH 2018

D. Gutting, *Erfolgreiche Konfliktprävention im Asiengeschäft,*

essentials, https://doi.org/10.1007/978-3-658-20620-8_5

einander umso attraktiver, je ähnlicher sie sich empfinden. Menschen kommen am besten miteinander zurecht, wenn sie Ähnlichkeiten wahrnehmen, z. B. in Ausbildung, ökonomischem Status oder Kultur. Auch historische, interethnische oder internationale Konflikte können entscheidend dafür sein, ob man ein Gegenüber mag oder nicht.

Eine besondere Gefahr liegt in bi-nationalen Teams bzw. in Teams, die nur aus Angehörigen von zwei Ländern bestehen. Wenn beispielsweise im Team nur Deutsche und Chinesen sind, bilden sich leicht deutsche und chinesische Untergruppen, in denen Vorurteile gegen die Mitglieder der jeweils anderen Nation genährt werden.

Ein weiteres Problemfeld multikultureller Kooperation ist die Akzeptanz von Minderheiten (beschrieben im Tokenism-Konzept von Rosabeth Moss Kanter 1977): Angehörige der Minderheit werden dabei von den Mitgliedern der dominanten Gruppe nicht als Individuen, sondern als „Platzhalter" wahrgenommen. Wenn beispielsweise in einer Arbeitsgruppe nur ein Mitglied mit chinesischer Ethnizität ist, so wird er nicht als das Individuum Chen wahrgenommen, sondern als „der Chinese".

Heterogene Teams benötigen mehr Zeit, um Aufgaben zu lösen. Missverständnisse, Sprachprobleme, unterschiedliche Arbeitsstile und Vorurteile können Konflikte auslösen. Die Effektivität heterogener Arbeitsgruppen ist insgesamt in hohem Maße abhängig von

- der Zusammensetzung der Gruppen und
- den Arbeitsbedingungen des Teams.

Dem Team sollte genügend Zeit gewährt werden, insbesondere in der ersten Phase der Zusammenarbeit.

5.2   Konfliktvermeidung in der Kooperation deutsch-asiatischer Teams

Sollen deutsch-asiatische Teams konfliktfrei zusammenarbeiten, müssen folgende kritischen Punkte beachtet und gesteuert werden:

- Ist die Teamzusammensetzung ausgewogen? Kann man das Team international (nicht bi-national) zusammensetzen? Kann verhindert werden, dass z. B. ein indonesischer Block einem deutschen Block gegenübersteht? Falls nicht, sollten Maßnahmen der Vorurteilsprävention eingeleitet werden.

- Lassen sich Ähnlichkeiten der kulturell unterschiedlichen Mitglieder herstellen (z. B. in Anknüpfung an ihre Interessen, Ausbildungen, Hobbys etc.), die für gegenseitige Sympathien sorgen?
- Unter welchen Bedingungen findet die Zusammenarbeit statt? Wird dem Team genügend Zeit und die Möglichkeit zur Entwicklung einer Gruppenidentität gegeben?

Durch die geschickte Zusammensetzung der Teams und die Kontrolle der Rahmenbedingungen ihrer Zusammenarbeit kann man Konflikten in deutsch-asiatischen Teams vorbeugen.

Das Konfliktverhalten der Asiaten unterscheidet sich stark von dem der Deutschen: Konflikte werden im asiatischen Kulturraum nicht ausdiskutiert, sondern vermieden. Konfliktprävention ist daher im Asiengeschäft der Ansatzpunkt für eine reibungslose Zusammenarbeit.

Aus den Studien und Erkenntnissen zu Kulturunterschieden, der Entstehung von Konflikten in internationaler Zusammenarbeit und multikulturellen Teams sowie des unterschiedlichen Umgangs mit Konflikten lassen sich die folgenden Empfehlungen zusammenfassen:

Empfehlung 1: Konfliktprävention durch angepasstes Kommunikationsverhalten

Konfliktprävention in der Zusammenarbeit mit Asiaten bedeutet, sich ein Stück weit deren Kommunikationsstil anzupassen. Notwendig dazu sind Selbstbeherrschung und Reflexion, wie die ausgesendeten Signale beim asiatischen Partner ankommen.

Für Deutsche ist es schwierig, Konfliktsignale asiatischer Partner zu erkennen und zu deuten. Alarmiert sollte man sein, wenn ein asiatischer Partner sich zurückzieht oder das Thema wechselt. Schweigen aufseiten des Partners sollte als Konfliktsignal, keineswegs als Unfähigkeit zu einer Antwort interpretiert werden.

Die vorsichtige indirekte Kommunikationsweise muss verstanden werden, damit man die Aussagen der asiatischen Partner deuten und angemessen reagieren kann. Ein „Nein" wird nicht klar geäußert, sondern eher freundlich umschrieben mit „Ja, aber…". Wählt man selbst auch weichere Formulierungen, kann man unnötigen Konflikten vorbeugen.

© Springer Fachmedien Wiesbaden GmbH 2018

D. Gutting, *Erfolgreiche Konfliktprävention im Asiengeschäft*,
essentials, https://doi.org/10.1007/978-3-658-20620-8_6

Ein Augenmerk sollte auf die nonverbalen Signale gerichtet werden, welche Asiaten aussenden. In den asiatischen Kulturen ist die Nutzung nonverbaler Signale stärker verankert als in der expliziten deutschen Kultur. Umgekehrt sollte man sich darüber im Klaren sein, dass Asiaten in dieser Hinsicht eine höhere Sensibilität haben und in ihr Bild von ihrem deutschen Gegenüber in starkem Maße auch nonverbale, paraverbale und äußerliche Signale einbeziehen.

Geduld und die Fähigkeit, zuhören zu können, sind im Asiengeschäft häufig zielführender als die gewohnt straffe deutsche Argumentation. Aus konfliktträchtigen Situationen sollte man besser herausgehen und zunächst darauf verzichten, auf deutsche Weise das Problem möglichst rasch klären zu wollen.

Konfliktkompetenz bedeutet nach asiatischem Verständnis vor allem die Gesichtswahrung der Konfliktparteien, keineswegs der – im Westen als positiv empfundene – Nachweis von Konfliktfähigkeit. Die Bewahrung des „Face" eines asiatischen Partners führt auch dazu, dass man selbst „Face" gewinnt. Deshalb kann es sich als zielführend erweisen, einen Konfliktgegner nicht zu konfrontieren, sondern ihn zu unterstützen, einen Ausweg aus einer konfrontativen Situation zu finden. Aufbau und Pflege guter Beziehungen zu Mitarbeitern und Partnern ist der Königsweg der Konfliktprävention.

Weil im asiatischen Kulturkontext Harmonie und Gesichtswahrung als Ideal gelten, kann nicht heftig argumentiert, kaum direkt nachgehakt und schon gar nicht ein Disput ausgetragen werden. Bei den Interaktionen mit asiatischen Partnern ist es deshalb ratsam, nicht zu viele „Warum"-Fragen zu stellen, sondern sich eher auf die „Wie"-Fragen eines gemeinsamen Vorgehens zu konzentrieren.

Empfehlung 2: Bewusste Steuerung deutsch-asiatischer Zusammenarbeit
Deutsche haben ein völlig anderes kulturelles Orientierungssystem als die Mitglieder aller asiatischen Kulturen. Die grundsätzlichen interkulturellen Unterschiede müssen vor der Aufnahme einer Zusammenarbeit verstanden werden, um keine unnötigen Missverständnisse zu provozieren.

Für eine effektive Konfliktprävention in deutsch-asiatischen Kooperationen müssen die Teamzusammensetzungen sorgfältig reflektiert und gestaltet werden. Teams sollten möglichst international, nicht rein bi-national zusammengestellt werden. Einzelne Teammitglieder sollten nicht in eine Minderheitenposition gebracht werden.

Arbeitsgruppen sollte genügend Zeit eingeräumt werden, um eine Gruppenidentität zu bilden. Aufgrund der hohen Bedeutung von Konfliktprävention zahlt es sich aus, Methoden gegen Vorurteilsbildung und für die gegenseitige Akzeptanzförderung der Mitglieder einzusetzen.

Empfehlung 3: Zurücknahme und Anpassung im Konfliktfall
Bei Anzeichen eines sich aufbauenden Konfliktes empfiehlt sich eher eine defensive Vorgehensweise, bevor ein Gesichtsverlust stattfindet und die Beziehungen schwächt.

Im Konfliktfall sollten Deutsche auf die (für individualistische und maskuline Kulturen typische) kompetitive Kommunikation verzichten, die laut und selbstsicher die eigenen Ziele in den Vordergrund stellt und die eigenen Vorgehensweisen rechtfertigt. Diese Art der Konfliktfähigkeit ist nur im eigenkulturellen Kontext angemessen. Im beziehungsorientierten Asien verspricht eher ein integratives und kompromissorientiertes Konfliktverhalten Erfolg. Für unerfahrene oder interkulturell ungeschulte Deutsche besteht die Gefahr, in schwierigen Situationen ein vorzeitiges Ende der Verhandlungen und der Geschäftsbeziehungen zu riskieren.

Natürlich sind auch Asiaten vor allem an der Erreichung ihrer Ziele interessiert. Die viel zitierte Harmonie ist eher als Weg zum Ziel zu betrachten. Davon wird abgewichen, wenn dieser Weg nicht zielführend erscheint. Deutsche sollten sich darauf einstellen, dass auch Asiaten mit harten Bandagen kämpfen, wenn es ihrer Zieldurchsetzung dient. Selbstdisziplin, Zurücknahme und Geduld sind dann gefordert.

Westliche Konfliktmanagementverfahren können im Asiengeschäft nur bedingt greifen, müssen zumindest angepasst werden. Manche westliche Vorstellung, z. B. das Harvard-Konzept, könnte sogar schaden bzw. zu unnötigen Zugeständnissen verleiten.

Das westliche Mediationsverfahren würde eher auf Befremden stoßen, da Asiaten einem außenstehenden Nichtmitglied der Gruppe kaum die angemessene Konfliktlösungskompetenz zutrauen. In Asien wird traditionell ein anderes Modell der Vermittlung im Konfliktfall angewandt: Mediation in Asien erfolgt über ein angesehenes, hierarchisch hochstehendes Gruppenmitglied, und nicht über einen professionellen, unabhängigen Mediator.

Im Organisationskontext ist dieser geachtete „Middle Man" traditionell der Vorgesetzte. Dies impliziert ungewohnte Rollenerwartungen an deutsche Führungskräfte: Den Chefs kommt bei Unstimmigkeiten und Konflikten ihrer Mitarbeiter die Vermittlerrolle zu.

Empfehlung 4: Vorteile westlicher Diskussionskultur vermitteln
Im Zuge der Globalisierung haben bereits vielfältige kulturelle Anpassungen stattgefunden. Auch wenn kulturelle Prägungen in der Regel langfristig wirken

und sich in die Gegenwart fortsetzen, so berufen sich Asiaten gerne auf ihre hohe Lernwilligkeit und Lernfähigkeit. Strebt man eine langfristige effektive Zusammenarbeit an, so lohnt es sich, die positiven Wirkungen des offenen deutschen Umgangs mit Problemen und Konflikten und deren immanente Problemlösungskapazität den asiatischen Partnern und Mitarbeitern zu vermitteln und zu versuchen, eine an die asiatischen Bedürfnisse angepasste Diskussionskultur zu etablieren.

Was Sie aus diesem *essential* mitnehmen können

- Verständnis für unterschiedliches Kommunikationsverhalten von Asiaten und Deutschen, das Konflikte fördern oder verhindern kann
- Unterstützung für die optimale Zusammensetzung deutsch-asiatischer Teams
- Hinweise zur Vermeidung von Konflikten mit asiatischen Mitarbeitern und Partnern
- Befähigung zur Gestaltung einer effektiven Zusammenarbeit zwischen Deutschen und Asiaten

© Springer Fachmedien Wiesbaden GmbH 2018

D. Gutting, *Erfolgreiche Konfliktprävention im Asiengeschäft,*
essentials, https://doi.org/10.1007/978-3-658-20620-8

Weiterführende Literatur

Barrios, C. (2008). Interkulturelle Mediation in Teams mit multinationaler Belegschaft aus Deutschland und Lateinamerika. In D. Kumbier & F. Schulz von Thun (Hrsg.), *Interkulturelle Kommunikation: Methoden, Modelle, Beispiele* (2. Aufl., S. 248–310). Reinbek bei Hamburg: Rowohlt.

Bolten, J. (Hrsg.). (2004). *Interkulturelles Handeln in der Wirtschaft. Positionen, Modelle, Perspektiven, Projekte*. Sternenfels: Verlag Wissenschaft & Praxis.

Busch, D. (2004). Formen interkultureller Mediation und ihre Vermittlung durch Trainings. In J. Bolten (Hrsg.), *Interkulturelles Handeln in der Wirtschaft. Positionen, Modelle, Perspektiven, Projekte* (S. 247–263). Sternenfels: Verlag Wissenschaft & Praxis.

Dülfer, E., & Jöstingmeier, B. (2008). *Internationales Management in unterschiedlichen Kulturbereichen* (7. Aufl.). München: Oldenbourg.

Engelen, A., & Tholen, E. (2014). *Interkulturelles Management*. Stuttgart: Schäffer-Poeschel.

Fröhlich-Archangelo, S. (2004). Anwendungsperspektiven von Mediation in interkulturellen Kontexten. In J. Bolten (Hrsg.), *Interkulturelles Handeln in der Wirtschaft. Positionen, Modelle, Perspektiven, Projekte* (S. 264–286). Sternenfels: Verlag Wissenschaft & Praxis.

Gutting, D. (2013). *Management in Südostasien. Wirtschaft, Gesellschaft, Kultur in Indonesien, Malaysia, Singapur, Thailand, Vietnam und auf den Philippinen*. Herne: NWB-Verlag.

Gutting, D. (2014). Asiatisches Denken und seine Herausforderungen für westliche Manager. *Asien Kurier, 2014*(Juni), 5–9.

Gutting, D. (2016). *Interkulturelles Management, Diversity und internationale Kooperation*. Herne: NWB.

Hofstede, G. (2006). *Lokales Denken, globales Handeln. Interkulturelle Zusammenarbeit und globales Management* (3. Aufl.). München: DTV.

Kammhuber, S. (2005). Interkulturelles Konfliktmanagement und Mediation. In A. Thomas, E.-U. Kinast, & S. Schroll-Machl (Hrsg.), *Grundlagen und Praxisfelder: Bd. 1. Handbuch Interkulturelle Kommunikation und Kooperation* (S. 297–306). Göttingen: Vandenhoeck & Ruprecht.

Keding, G. (2008). Der falsche Wohnort. Zur Bedeutung von Macht und Struktur in der interkulturellen Begegnung. In D. Kumbier & F. Schulz von Thun (Hrsg.), *Interkulturelle Kommunikation: Methoden, Modelle, Beispiele* (2. Aufl., S. 336 347). Reinbek bei Hamburg: Rowohlt.

© Springer Fachmedien Wiesbaden GmbH 2018
D. Gutting, *Erfolgreiche Konfliktprävention im Asiengeschäft*,
essentials, https://doi.org/10.1007/978-3-658-20620-8

Kumbier, D., & Schulz von Thun, F. (Hrsg.). (2008). *Interkulturelle Kommunikation: Methoden, Modelle, Beispiele* (2. Aufl.). Reinbek bei Hamburg: Rowohlt.

Müller, S., & Yuan, X. (2017). *Führungskräfteentwicklung made in China. Konkrete Fallbeispiele aus der Praxis*. Wiesbaden: Springer Gabler essentials.

Mullins, L. (2010). *Management and organisational behaviour*. 9. ed. Pearson.

Podsiadlowski, A. (2007). Multinationale Teams. In J. Straub, A. Weidemann, & D. Weidemann (Hrsg.), *Handbuch interkulturelle Kommunikation und Kompetenz* (S. 576–595). Stuttgart: Metzler.

Thomas, A., Kinast, E.-U., & Schroll-Machl, S. (Hrsg.). (2005). *Grundlagen und Praxisfelder Bd. 1. Handbuch Interkulturelle Kommunikation und Kooperation*. Göttingen: Vandenhoeck& Ruprecht.

Ting-Toomey, S. (1994). Managing intercultural conflicts effectively. In L. Samovar & R. Porter (Hrsg.), *Intercultural communication* (7. Aufl.). Belmont: Wadsworth.

Wang, L. (2008). Wenn Konfuzius Schulz von Thun trifft.. Kommunikationspsychologie aus Sicht einer Chinesin. In D. Kumbier & F. Schulz von Thun (Hrsg.), *Interkulturelle Kommunikation: Methoden, Modelle, Beispiele* (2. Aufl., S. 187–205). Reinbek bei Hamburg: Rowohlt.